뿌리 깊은 영성 워크북

인도자용

뿌리 깊은 영성 워크북: 인도자용

지은이 | 강준민
초판 발행 | 2022년 1월 26일
등록번호 | 제1988-000080호
등록된 곳 | 서울특별시 용산구 서빙고로65길 38 두란노빌딩
발행처 | 사단법인 두란노서원
영업부 | 2078-3352   FAX | 080-749-3705
출판부 | 2078-3331

책 값은 뒤표지에 있습니다.
ISBN 978-89-531-4127-8 04230
ISBN 978-89-531-4129-2 04230(세트)

독자의 의견을 기다립니다.
tpress@duranno.com   http://www.Duranno.com

두란노서원은 바울 사도가 3차 전도여행 때 에베소에서 성령 받은 제자들을 따로 세워 하나님의 말씀으로 양육하던 장소입니다. 사도행전 19장 8-20절의 정신에 따라 첫째 목회자를 돕는 사역과 평신도를 훈련시키는 사역, 둘째 세계 선교(TIM)와 문서선교(단행본·잡지) 사역, 셋째 예수문화 및 경배와 찬양 사역, 그리고 가정·상담 사역 등을 감당하고 있습니다. 1980년 12월 22일에 창립된 두란노서원은 주님 오실 때까지 이 사역들을 계속할 것입니다.

인도자용

뿌리 깊은
영성을 위한
6주
훈련 교재

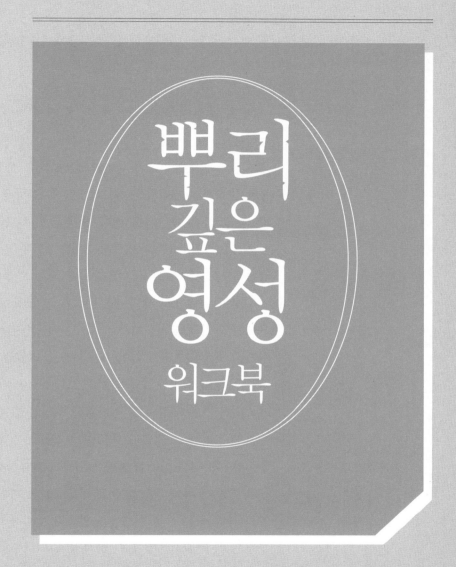

강준민
지음

두란노

서문

《뿌리 깊은 영성》을 출판한 후, 한 권의 책이 많은 분들의 삶 속에 영향을 끼치는 것을 보았습니다. 《뿌리 깊은 영성》은 영어, 독일어, 브라질어 그리고 중국어로 번역되었습니다. 이 책이 출판된 후 책 내용을 중심으로 세미나를 인도해 달라는 부탁을 받았습니다. 저는 한국, 미국, 호주, 뉴질랜드, 대만, 중국 그리고 브라질에 있는 목회자들을 중심으로 세미나를 인도했습니다. 그리고 평신도들에게는 주로 강의식으로 세미나를 인도했습니다.

제가 강의식으로 세미나를 인도하는 중에 참석하신 분들이 많은 은혜를 받았다는 피드백을 주셨습니다. 하지만 저는 그분들의 삶에 어떤 구체적인 변화가 일어났는지 볼 수 없었습니다. 저의 가장 큰 관심은 목회자와 성도님들이 예수 그리스도의 은혜 안에서 변화하고 성숙되어 가는 것입니다. 하나님은 우리를 있는 모습 그대로 사랑하시지만 우리가 그 모습 그대로 머물기를 원치 않으십니다. 하나님은 우리가 예수님의 장성한 분량에 이르도록 성장하기 원하십니다.

저는 오랜 목회 경험을 통해 성도님들의 변화와 성숙을 점검할 수 있는 가장 좋은 길은 소그룹 모임이라는 사실을 깨닫게 되었습니다. 그것은 예수님의 제자 훈련 방식입니다. 예수님은 열두 제자를 선택하셔서 소그룹 안에서 그들을 양육하셨습니다. 또한 필요할 때는 세 명의 제자들과 함께, 그리고 일대일로 제자들을 양육하시는 방식을 겸하셨습니다.

  이번에 예수님의 은혜 안에서 변화와 성숙을 경험할 수 있는 소그룹용 워크북을 출간하게 되었습니다. 변화와 성숙은 배우는 사람에게만 일어나는 것이 아닙니다. 가르치는 사람에게도 반복해서 일어납니다. 가르친다는 것은 두 번 배우는 것입니다. 그런 면에서 이 워크북을 통해 인도자와 훈련자가 함께 배우면서 변화와 성숙을 경험할 수 있습니다.

  이 워크북이 나오기까지 힘써 주신 조현영 전도사님과 두란노 가족에게 감사를 드립니다. 부족한 종에게 뿌리 깊은 영성을 추구하고, 책과 워크북을 출판할 수 있도록 은혜를 베풀어 주신 하나님께 영광을 돌립니다.

로스앤젤레스에서
강준민 드림

이 책의 활용법

영적 순례의 길을 가려는 이들을 위하여

영성 생활은 보이지 않는 내면을 아름답게 가꾸는 것입니다. 보이지 않는 뿌리를 돌보는 것입니다. 위로 성장하기 전에 아래로 내려가는 것입니다. 《뿌리 깊은 영성 워크북》은 이러한 영성 생활을 하도록 돕는 책입니다. 성령님 안에서 말씀을 통해 예수님을 닮아가는 영적 순례의 길을 가도록 안내하는 책입니다.

워크북 활용 방법

| 목적: 성령님의 도우심으로 말씀을 통해 예수님을 닮아가도록 변화와 성장, 성숙, 원숙에 이르는 영적 순례의 길을 가기 위함입니다.

| 교재: 본 워크북과 함께 책(《뿌리 깊은 영성》, 두란노 간)을 병행하십시오. 영성 훈련에 대해 더 깊이 이해할 수 있고 내용을 체득할 수 있습니다. 소그룹으로 진행할 경우 인도자는 인도자용을, 훈련자는 훈련자용 교재를 사용합니다.

=혼자 할 경우=

각 개인 누구나 이 워크북으로 스스로 공부할 수 있습니다.

• 워크북을 매일 한 과씩 공부합니다.

이 워크북은 모두 6주로 구성되어 있고, 한 주는 5과로 이루어져 있습니다. 매일 한 과씩 읽으면서 스스로 훈련할 수 있습니다. 하루 중 일정한 시간을 정하되, 가능하면 새벽 또는 이른 아침이 좋습니다. 변화와 성장은 하루아침에 일어나지 않습니다. 성장하고 성숙하여 열매를 맺는 데에는 시간이 필요합니다.

• 먼저 기도로 시작합니다.

변화는 하나님과의 만남을 통해 이루어집니다. 변화와 성장을 이끄시는 분은 성령님입니다. 그러므로 성령님께서 하나님을 더욱 깊이 알아가도록, 말씀을 통해 깨닫는 은혜를 주시도록 간구합니다.

• 워크북을 천천히 읽습니다.

워크북을 읽을 때, 어떤 정보를 얻기 위해서가 아니라 변화를 위해서 읽습니다. 천천히 읽다가 어떤 단어나 문장이 눈에 띄거나 마음에 다가오면 멈추십시오. 잠시 그 자리에 머물러 묵상해 보십시오.

• 질문에 솔직하게 답을 적습니다.

워크북의 질문에 답하는 것은 자신의 내면과 삶을 돌아보는 귀중한 시간입니다. 각 질문마다 빠짐없이 솔직하게 답을 기록해 보십시오. 이것은 다른 사람에게 보이기 위한 것이 아닙니다. 소그룹에서 나눔을 할 경우 기록한 답 중에 원하는 부분만 나누면 됩니다.

• 매일 한 가지, 적용거리를 찾아 실천합니다.

영성 훈련은 머리와 마음으로 깨닫는 것뿐만 아니라 삶에 적용하는 것입니다. 매일 워크북을 읽고 가장 마음에 다가온 것을 실천해 보십시오. 실천한 후에 어떤 변화가 있었는지도 기록해 보십시오. 소그룹에서 나눌 때 다른 사람들이 어떻게 말씀을 적용하고 어떤 변화를 경험하는지 다양한 모습을 볼 수 있습니다.

• 하루를 주님께 맡기며 기도로 마칩니다.

오늘 깨닫게 된 말씀대로 변화되고, 말씀을 따라 하루를 살아가도록 기도드리고 마칩니다. 말씀대로 살아가도록 성령님의 인도하심을 간구합니다.

• 하루 중에도 그날 받은 말씀을 계속 묵상하고 실천해 봅니다.

하루 중에 어떤 시간을 정하거나 또는 어떤 순간에 잠시 멈추어 그날 받은 말씀을 묵상해 보십시오. 말씀으로 우리 마음이 다시 새로워지며, 기도로 모든 것을 주님께 맡기게 됩니다. 그리고 말씀을 실천해 보십시오. 이러한 훈련을 지속하게 되면, 하루가 분주하게 지나가는 것이 아니라, 말씀이 우리 영혼을 지켜주는 경험을 하게 됩니다.

• 영성일기를 기록합니다.

오늘 가장 깊이 깨닫고 배우게 된 것, 하나님이 나에게 주신 말씀을 영성일기에 적어 보십시오. 하나님께 드리고 싶은 기도문을 적어도 좋습니다. 또는 하루를 보내며 승리했던 일이나 힘들거나 실패했던 일 등 일기처럼 무엇이든 자유롭게 기록해도 좋습니다. 영성일기는 하루하루 영적 순례의 길을 걸어온 발자취로 남게 될 것입니다.

=소그룹으로 할 경우=

소그룹으로 함께 공부하면 서로의 나눔을 통해서 더 풍성한 배움의 기회를 가질 수 있습니다.

• **구성**

　인도자 포함 총 10명 이하가 좋습니다.

• **모임과 훈련 범위**

일시	모임 내용	훈련 범위
1주차	개강 말씀, 나눔 및 강의	워크북 1주, 책 1-2부
2주차	나눔 및 강의	워크북 2주, 책 3부
3주차	나눔 및 강의	워크북 3주, 책 4부
4주차	나눔 및 강의	워크북 4주, 책 5-6부
5주차	나눔 및 강의	워크북 5주, 책 7부
6주차	나눔 및 강의	워크북 6주, 책 8부
7주차	종강 감사예배	

*책:《뿌리 깊은 영성》

• **과제**

　- 매일 정해진 분량의 워크북을 공부합니다.

　- 매주 해당되는 분량의 《뿌리 깊은 영성》을 읽습니다.

　- 매일 적용하고 나누고 싶은 것을 소그룹에서 간단히 나눕니다.

　- 매일 자신과 훈련생들을 위해 기도합니다.

• **소그룹 나눔의 원리**

　- 소그룹에서 나눈 모든 내용이 밖으로 나가서는 안됩니다. 모임

을 시작할 때, 훈련자들이 함께 약속하십시오. 사람들은 나눔이 안전하다고 느낄 때 마음을 열고 진솔하게 대화하게 됩니다.

- 소그룹은 원하는 만큼 나누는 것을 원칙으로 합니다. 훈련을 하면서 점점 더 내면의 깊은 부분들과 상처들을 보게 됩니다. 하지만 인도자는 훈련생들이 말하기 힘든 부분에 대해 질문하지 않아야 합니다. 또한 말하고 나면 후회가 될 것 같은 내용은 누구도 나누지 않는 것이 좋습니다.

- 그러므로 소그룹에서 나눔을 하기 전, 매일 개인 훈련시간을 통하여 하나님과 깊은 교제를 나누는 것이 그만큼 중요합니다. 죄와 허물을 용서하시고 치유하시는 하나님과 교제하는 가운데 사람들과 나눌 내용들이 걸러지게 됩니다.

- 그리하여 소그룹 나눔의 초점이 변화시켜 주시는 하나님의 은혜로 옮겨가게 됩니다. 관점, 생각, 언어, 태도, 행동, 습관의 변화 등 변화의 경험을 나누다 보면 하나님의 은혜를 더욱 풍성하게 누리게 됩니다.

- 모든 사람이 나눔 질문에 골고루 참여할 수 있어야 합니다. 아무도 소외되지 않고 나눔에 참여할 수 있도록 서로 배려해야 합니다.

=인도자는 이렇게 준비하십시오=

· 인도자를 위한 팁

- 뿌리 깊은 영성은 예수님을 닮아가는 삶입니다. 왜 뿌리 깊은 영성이 필요한지 훈련생들과 제자 훈련의 비전을 나눕니다.
- 훈련 전에 본문을 읽고 질문에 인도자가 먼저 기록해 봅니다.
- 훈련생들에게 가르치려는 자세보다 인도자 자신이 먼저 말씀대

로 살기 위해 노력하는 모습을 보입니다.

- 훈련생들 한 명 한 명에게 관심을 가지고 그들을 위해 매일 기도를 합니다.
- 훈련할 때 지식을 전달하는 시간이 아니라 나눔이 활발히 이루어 지도록 노력합니다. 그리고 나눔을 통해 깨달은 것을 삶에 적용하여 인도자와 훈련자 모두 변화하고 성숙해지도록 독려합니다.

• **영적 인도자(소그룹 리더)의 역할**
- 영적 인도자는 변화할 수 있는 여백과 공간을 만들어 주는 사람입니다. 영성 훈련이 율법적인 훈련이 되어서는 안 됩니다. 그러므로 강요하거나 위협적인 방법을 사용해서는 안 됩니다.
- 영적 인도자는 산파의 역할을 하는 사람입니다. 산파는 아이의 출산을 도와주는 사람이지, 대신 아이를 낳아주지 않습니다. 산파는 아이가 태어났을 때 산모에게 그 아이를 안겨 주는 역할을 합니다.
- 영적 인도자는 질문을 통해 스스로 깨닫도록 도와주는 사람입니다. 그러므로 열린 질문, 즉 생각하게 만드는 질문을 하십시오.
- 영적 인도자는 격려하고 세우는 역할을 하는 사람입니다. 다른 사람을 존중하는 마음으로 경청하고 훈련을 지속할 수 있도록 격려하십시오.
- 영적 인도자도 함께 배우는 자세가 중요합니다. 겸손하게 함께 배울 때, 영적 안내자도 함께 성장할 수 있습니다.

목차

//////

1주
뿌리 깊은 영성을 추구하는 삶

이번 주 주제

- 다른 사람이 아닌 내가 먼저 변화되어야 함을 자각한다.

- 예수님을 영접함으로 튼튼한 기초를 세운다.

- 말씀에 근거하여 예수님이 어떤 분인지를 안다.

- 좋은 영적 인도자를 만나고 그들에게서 교훈을 받는다.

- 믿음에 굳게 서고 감사의 열매를 맺는 삶을 산다.

Ice Breaking

자기 소개하기
소요 시간: 10~15분(한 사람당 1분씩)

시작하기 전 관계 형성이 매우 중요하다. 어색한 분위기를 깨고 분위기를 살릴 소개의 시간을 먼저 가지면 훈련을 시작하는 데 더 효과적이다. 예를 들어, 종이 1장을 구겨 작은 공을 만든다. 이후 인도자가 먼저 공을 들고 자기소개를 간단하게 한다. 이어 무작위로 한 명에게 종이공을 던져 자기소개를 이어가게 한다. 이때 자기소개가 자랑으로 이어지는 것을 반드시 주의해야 한다. 각자 1분 이내로 진행하되, 1분 이상 할 경우 작은 벌칙을 적용해도 좋다.

ㆍ변화와 성숙을 목표로 정하기

뿌리 깊은 영성으로 당신을 초대한다. 깊은 영적 세계, 깊은 내면의 세계로 초대한다. 그러나 깊은 세계에 들어가기 위해서 선행해야할 일이 있다. 그것은 출발을 잘하는 것이다. 당신은 영적인 순례의 길에 들어선 사람이다. 영성 생활은 영적 순례자의 길을 가는 것이다. 미숙한 데서 변화를 추구하는 것이 영적 순례의 목표다. 변화를 통해서 성장하고, 성장을 통해서 성숙에 이른다. 그리고 성숙을 넘어서 원숙한 단계에 이르게 된다.

당신은 성숙한 그리스도인이 되길 원하는가? 그렇다면 변화가 선행되어야 한다. 변화와 성숙! 이제 당신에게 분명한 목표가 정해졌다. 방향을 설정하고 출발하라. 그리스도의 장성한 분량에 이르기까지 가야 한다. 이것이 예수님의 형상을 닮아가는 것이다. 성경에서 핵심되는 말씀을 붙잡고 뿌리 깊은 영성의 세계로 들어가 보자.

⁶그러므로 너희가 그리스도 예수를 주로 받았으니 그 안에서 행하되 ⁷그 안에 뿌리를 박으며 세움을 받아 교훈을 받은 대로 믿음에 굳게 서서 감사함을 넘치게 하라 골 2:6-7

성숙한 그리스도인이 되기 위해서는 내가 먼저 변화되어야 한다. 당신에게 변화가 필요한가? 어떤 변화가 필요한지 말해 보라.

인도자 멘트

톨스토이는 "모든 사람은 인간이 변화되어야 한다고 생각하지만 자기 자신이 변화되어야 한다고 생각하는 사람은 없다"라고 말했습니다. 혹시 여러분도 이와 같지는 않습니까? 질문을 통해 성숙한 그리스도인이 되기 위해 나 자신에게 필요한 변화는 무엇인지 솔직하고 구체적으로 살펴봅시다.

변화는 보통 세 가지에서 출발한다. 첫째는 고통이요, 둘째는 소원이며, 셋째는 만남이다.

인도자 멘트

여러분은 이 시간 영적 성숙을 위해 변화가 필요함을 인식하였습니다. 그렇다면 변화는 어떻게 이루어질까요? 변화는 보통 다음 세 가지에서 출발합니다.

첫째, 고통이 변화를 창출한다.

대부분의 사람들은 고통을 맛보기 전까지 변화를 추구하지 않는다. 어르신들은 보통 어느 정도 아파서는 병원에 가질 않으신다. 정말 아플 때 찾아가는 곳이 병원이다. 마찬가지로 고통이 극심해질 때 변화를 추구한다. 공동체도 그 안에 고통이 고조될 때 변화가 일어난다.

둘째, 소원이 변화를 창출한다.

무엇보다 변화하고 싶은 열망이 중요하다. 우리는 이것을 비전(꿈)이라 말한다. 마음속에 새로운 목표가 생길 때 변화를 추구한다. 소원이 없으면 변화가 없다. 만족은 변화의 가장 무서운 장애물이다. 변화를 원한다면 거룩한 불만족을 가져야 한다. 현재의 모습에 대한 거룩한 불만족을 가질 때 변화를 열망하게 된다.

주님은 도움을 요청하는 사람들에게 정말 자신이 변화를 원하는지 물어보셨다. 요한복음에 기록된 베데스다 연못가에 있던 38년 된 병자에게 질문하시는 장면이 대표적이다.

> 예수께서 그 누운 것을 보시고 병이 벌써 오래된 줄 아시고 이르시되 네가 낫고자 하느냐 요 5:6

셋째, 변화는 만남을 통해서 이루어진다.

새로운 만남은 우리를 처음 자리에 두지 않고 기필코 변화시키고 만다. 만남의 차원은 다각적이다. 하나님과의 만남, 사람과의 만남, 좋은 책과의 만남, 새로운 환경과의 만남 등이다. 만남을 통해서 우리는 새로운 지식과 정보를 접하게 된다. 변화는 새로운 지식(정보)이 우리 안에 들어올 때 자극과 도전을 통해서 일어난다.

변화를 원하는 사람은 만남을 갈망해야 한다. 자신을 만남에 노출시켜야 한다. 다른 사람들의 변화를 위해서 기도한다면, 그들이 변화할 수 있는 기회인 만남을 주선해야 한다. 만남을 통해서 자극을 받고 자신을 발견하게 된다. 자신을 발견할 때 자신의 부정적인 면뿐만 아니라 긍정적인 면도 보게 된다. 그래서 회개하고 성장을 도모하게 된다. 사도 바울은 이 사역에 대해 정확하게 이해한 내용을 기록했다.

⁶나는 심었고 아볼로는 물을 주었으되 오직 하나님께서 자라나게 하셨나니 ⁷그런즉 심는 이나 물 주는 이는 아무것도 아니로되 오직 자라게 하시는 이는 하나님뿐이니라 고전 3:6-7

어떤 사람들은 정말 변화를 원하지 않는다. 스스로가 성장을 거부한 사람들이다. 이들은 가장 돕기 어려운 사람이다. 변화는 변화를 갈망하는 사람들에게 일어나며, 하나님의 은혜는 변화를 소원하는 사람들에게 부어지는 축복임을 기억하라.

리처드 포스터는 "우리 속에 필요한 변화는 하나님의 일이지 우리일이 아니다. 필요한 일은 내부의 일에 대한 것이고, 오직 하나님만이 그 내부의 일을 하실 수 있다"라고 말했다. 당신이 이 시간 변화를 인식했다면, 이미 내적 변화가 시작된 것이다. 하나님이 이미 당신 안에 큰일을 시작하신 것이다.

💬 당신에게 변화, 즉 영적 성숙이 필요함을 느끼게 된 사건이 있는가? 고통과 소원과 만남 중 어디에 해당하는가? 그 사건을 구체적으로 말해 보라.

💡 **인도자 멘트**

여기서 우리가 반드시 명심해야 할 진리가 있습니다. 바로 변화시키는 일은 '하나님이 하신다'는 것입니다. 특별히 내적인 변화, 영적인 변화는 하나님이 하시는 일입니다. 여러분은 다만 하나님이 일하실 수 있는 자리를 만들어 드릴 뿐입니다.

· 영성 추구의 첫 단추

뿌리 깊은 영성의 출발은
예수님을 영접함으로 시작된다

💡 **인도자 멘트**

괴테는 "첫 번째 단추를 잘못 끼면 마지막 단추를 낄 수가 없다"라고 말했습니다. 영적 성숙에 따른 변화에 앞서 여러분의 신앙을 점검하는 일은 매우 중요합니다. 뿌리 깊은 영성을 추구하는 것은, 깊은 세계로 들어가기 전에 기본을 확립하는 것입니다. 다음 질문을 통해 함께 기본을 확립하고 계속해서 훈련을 진행하고자 합니다.

뿌리 깊은 영성에서 제일 중요한 것은 예수 그리스도를 만나는 것이다. 예수님을 만나면서 예수님을 닮아가는 변화, 변화를 통한 성장, 성장을 통한 성숙을 추구하는 것이다. 골로새서 2장 6절은 "너희가 그리스도 예수를 주로 받았으니"라고 시작한다. 예수님을 생명의 주, 믿음의 주로 받는 것이 영적 순례의 첫 출발이다.

💬 당신은 예수님을 영접했는가? 당신의 신앙고백을 적어 보라.

예수님의 제자들은 문제가 생길 때마다 기본을 확립하는 일을 했다. 즉, 우선순위를 정립하는 것이다. 가장 중요한 본질이 무엇인가를 분별한 후에 그 본질로 돌아갔다. 사도행전 6장에서 초대 교회에 구제 문제가 생겼을 때 제자들이 무슨 일을 했는가? 그들은 일꾼을 세운 다음에 사역의 본질로 돌아갔다.

우리는 오로지 기도하는 일과 말씀 사역에 힘쓰리라 하니 행 6:4

사도들이 기도와 말씀으로 돌아갔을 때 나머지 문제는 다 해결되었다. 교회는 부흥하고, 허다한 제사장의 무리가 주님께로 돌아오는 역사가 일어났다. 뿌리 깊은 영성에 들어가기 위해서는 먼저 예수님을 영접해야 한다. 예수님의 생명을 받아야 한다. 생명 없이 변화될 수 없고, 생명 없이 성장할 수 없다.

먼저 예수님의 생명부터 점검해야 한다. 예수님의 영이 없으면 예수님의 사람이 아니다. 교인은 많아도 그리스도인은 적다. 예수님을 영접해야 하는 가장 중요한 이유는 예수님 안에 생명이 있기 때문이다.

💬 고린도후서 13장 5절과 로마서 8장 9절을 성경에서 찾아 적어 보라. 그리고 당신 안에 그리스도의 영이 있는지 살펴보라. 당신 안에 그리스도의 영이 있음을 어떻게 확증하는가?

> [고린도후서 13:5]
> 너희는 믿음 안에 있는가 너희 자신을 시험하고 너희 자신을 확증하라 예수 그리스도께서 너희 안에 계신 줄을 너희가 스스로 알지 못하느냐 그렇지 않으면 너희는 버림 받은 자니라

🔆 인도자 멘트

예수님의 생명을 모실 때 우리는 영적 변화가 일어납니다. 내적인 변화가 일어나기 시작합니다. 특히 성품에 변화가 나타납니다. 질문을 통해 우리 안에 예수님의 생명이 있는지 점검해 봅시다.

💡 인도자 멘트

예수님을 만나서 예수님을 모실 때 우리 안에 예수님의 생명이 들어옵니다. 이 예수님의 생명은 하나님의 생명입니다. 왜냐하면 하나님이 예수님께 생명을 주셨기 때문입니다. 본문에 있는 요한복음 5장 26절과 3장 16절 그리고 요한일서 5장 11-12절 말씀을 함께 읽어보겠습니다.

아버지께서 자기 속에 생명이 있음같이 아들에게도 생명을 주어 그 속에 있게 하셨고 요 5:26

하나님이 세상을 이처럼 사랑하사 독생자를 주셨으니 이는 그를 믿는 자마다 멸망하지 않고 영생을 얻게 하려 하심이라 요 3:16

[11]또 증거는 이것이니 하나님이 우리에게 영생을 주신 것과 이 생명이 그의 아들 안에 있는 그것이니라 [12]아들이 있는 자에게는 생명이 있고 하나님의 아들이 없는 자에게는 생명이 없느니라 요일 5:11-12

예수님께
깊이 뿌리를 내리라

[6]그러므로 너희가 그리스도 예수를 주로 받았으니 그 안에서 행하되 [7]그 안에 뿌리를 박으며 세움을 받아 교훈을 받은 대로 믿음에 굳게 서서 감사함을 넘치게 하라 골 2:6-7

사도 바울은 신앙 성장에 대해서 여러 가지 비유를 사용하였다. 첫째는 뿌리 깊은 나무요, 둘째는 집이며, 셋째는 학교이고, 넷째는 저수지이다. "세움을 받아"는 집을 세워 나가는 것을 의미하고, "교훈을 받은 대로"는 학교에서 공부하는 것을 의미한다. 마지막 "감사함을 넘치게 하라"는 말씀이 차고 넘치는 저수지가 되라는 것이다. 즉 쉽게 고갈하는 옹달샘이 아니라 차고 넘치는 저수지가 되라는 것이다.

이 모든 이미지를 통해서 사도 바울이 말하려고 하는 핵심은 예수님이 모든 것에 기초가 되신다는 것이다. 예수님을 떠나서는 변화도 없고 성장도 없다는 것을 강조하고 있다. 우리가 만나야 할 분도 오직 예수님이시요, 우리가 바라보아야 할 분도 오직 예수님이시다. 우리가 배워야 할 분도 오직 예수님이시다. 예수님은 모든 것에 기초가 되신다. 오늘 우리가 서야 할 터전은 예수 그리스도다.

> 이 닦아 둔 것 외에 능히 다른 터를 닦아 둘 자가 없으니 이 터는 곧 예수 그리스도라 고전 3:11

예수님께 깊이 뿌리를 내리라는 말씀은 바로 기초를 튼튼히 세우라는 뜻이다. 기초가 든든하지 않을 때 요동하게 된다. 요동함은 미숙함의 표지다. 믿음이 굳건하지 못함의 표지다. 거기에는 불안과 불안정이 있다. 신앙 성장이란 바로 어린아이의 일을 버리는 것이다. 미숙함을 버릴 때 성숙함에 이르게 된다.

> 이는 우리가 이제부터 어린아이가 되지 아니하여 사람의 속임수와 간사한 유혹에 빠져 온갖 교훈의 풍조에 밀려 요동하지 않게 하려 함이라 엡 4:14

💬 당신에게 요동함이 생길 때는 언제인가? 과거 가장 큰 요동함은 무엇이 었는지 말해 보라. 더불어 지금의 당신이라면 그 요동함을 어떻게 대처하겠는가?

🔆 **인도자 멘트**

우리는 매순간 어린아이의 일을 버리는 데서 멈추어서는 안 됩니다. 어린아이의 일을 버리는 것도 성숙하지 않으면 안 되지요. 하지만 무엇보다 어린아이의 일이 무엇인지를 알아야 버릴 수 있습니다.

예수님을 영접하는 순간 우리는 자신의 모습을 발견하게 된다. 이는 매우 소중한 일이다. 그때 우리는 변화를 추구하게 된다. 변화를 추구한다면 새로운 것을 향해 나아가야 한다. 다시 말해, 어린아이의 일을 버렸으면 성숙을 향해 앞으로 나아가야 한다.

신앙의 성장은 버리고 떠나는 것이다. 또 비우는 것이다. 자신이 몸담고 있던 것들에서 떠나 새로운 장소에 뿌리를 내리는 것이다. 버리고 취해야 하고, 떠나고 새로운 목적을 향해 나아가야 한다.

사마리아 여인은 물동이를 버려두고 동네로 들어가서 예수님을 전했다. 제자들은 배와 그물을 버려두고 예수님을 따라갔다. 어린아이를 버려야 한다. 초보를 버려야 성숙에 이를 수 있다.

[1]그러므로 우리가 그리스도의 도의 초보를 버리고 죽은 행실을 회개

함과 하나님께 대한 신앙과 ²세례들과 안수와 죽은 자의 부활과 영원
한 심판에 관한 교훈의 터를 다시 닦지 말고 완전한 데로 나아갈지니
라 히 6:1-2

💬 현재 당신에게서 비우고 싶은 것, 버리고 싶은 것은 무엇인가? 완전한 비
움만이 채움을 경험하게 한다. 그리스도의 영으로 채우기 위해 당신이
버려야 할 것은 무엇인지 구체적으로 적어 보라.

・믿는 것에서 아는 단계로

예수님을 알 때
성장한다

예수님께 뿌리를 내리는 사람은 예수님이 누구신가를 알아야 합니다. 이것이 중요합니다. 나의 삶 전체를 이동해도 될 분인가를 알아야 하는 것이죠. 예수님께 뿌리를 내린다는 것은 생 전체를 위탁하는 것입니다. 예수님과 연합하는 것이며, 예수님과 친밀한 사랑의 관계 속에 들어가는 것입니다. 예수님의 모든 것을 공급받는 것을 의미합니다.

예수님과의 만남은 출발이다. 예수님을 믿는 것은 시작이다. 우리는 이제 예수님을 믿는 것에서 떠나 아는 단계로 들어가야 한다. 안다는 것은 경험한다는 것을 의미한다. 성경에서 말씀하는 '하나님을 안다'는 것은 단순한 지식을 의미하는 것이 아니라 경험적인 지식을 의미한다. 하나님의 가장 중요한 관심사는 우리가 하나님을 아는 것이다.

나는 인애를 원하고 제사를 원하지 아니하며 번제보다 하나님을 아는 것을 원하노라 호 6:6

영생은 곧 유일하신 참 하나님과 그가 보내신 자 예수 그리스도를 아는 것이니이다 요 17:3

💬 성부, 성자, 성령 하나님에 대해 아는 대로 각각 적어 보라. 단순한 지식도 좋고, 경험적인 지식도 좋다. 그러나 가능하면 삶 가운데 역사하신 경험으로 만난 하나님을 적어 보라.

 인도자 멘트

여러분은 삼위일체 하나님을 어떻게 알고 있습니까? 다음 질문을 통해 함께 나눠보겠습니다.

Tip
삼위일체 하나님에 대한 교리적인 정리가 필요하다.

예수님을 알 때 성장하게 되고, 예수님을 아는 것만큼 사랑하게 된다. 우리는 보지 못하는 자를 사랑할 수는 있어도 알지 못하는 자를 사랑할 수는 없다. 시각장애인은 자기 자녀를 보지 못해도 사랑한다. 그러나 알지 못하는 사람은 결코 사랑할 수 없다.

고등학생 때 나에게 찬송을 가르쳐 준 선생님은 시각장애인이셨다. 유인식 선생님인데, 연세대 음대를 나오신 분으로 피아노를 치면서 머리로 지휘를 하면서 찬송을 지도해 주셨다. 그분은 나를 보지 못했지만 사랑하셨다. 걸음걸이만 들어도 나를 알아보셨다. 사랑하기 위해서는 알아야 하는데, 이때 안다는 것은 경험으로 아는 것을 말한다.

어느 정도 사랑할 수 있기 전에 어느 정도의 경험이 있어야 한다. 하

나님을 아는 것이 그를 사랑하는 것이요, 그를 더 잘 아는 것이 그를 더 사랑하는 것이다
/ A. W. 토저

예수를 너희가 보지 못하였으나 사랑하는도다 이제도 보지 못하나 믿고 말할 수 없는 영광스러운 즐거움으로 기뻐하니 벧전 1:8

예수님을 보지 못했지만 사랑하고 즐거워했던 초대 교회 성도들은 예수님을 깊이 알았다. 이러한 사람은 예수님께 깊이 뿌리 내리는 삶을 살게 된다. 성경 말씀에 근거하여 예수님은 어떤 분인지 정리해 보자.

첫째, 예수님은 하나님의 비밀이다.

이는 그들로 마음에 위안을 받고 사랑 안에서 연합하여 확실한 이해의 모든 풍성함과 하나님의 비밀인 그리스도를 깨닫게 하려 함이니 골 2:2

둘째, 예수님은 말씀으로 천지를 만드시고 말씀으로 붙잡고 계신다.

만물이 그로 말미암아 지은 바 되었으니 지은 것이 하나도 그가 없이는 된 것이 없느니라 요 1:3

²이 모든 날 마지막에는 아들을 통하여 우리에게 말씀하셨으니 이 아들을 만유의 상속자로 세우시고 또 그로 말미암아 모든 세계를 지으

셨느니라 [3]이는 하나님의 영광의 광채시요 그 본체의 형상이시라 그의 능력의 말씀으로 만물을 붙드시며 죄를 정결하게 하는 일을 하시고 높은 곳에 계신 지극히 크신 이의 우편에 앉으셨느니라 히 1:2-3

셋째, 예수님은 하나님의 능력이요 하나님의 지혜다.

오직 부르심을 받은 자들에게는 유대인이나 헬라인이나 그리스도는 하나님의 능력이요 하나님의 지혜니라 고전 1:24

넷째, 예수님 안에는 모든 지혜와 지식이 담겨 있다.

그 안에는 지혜와 지식의 모든 보화가 감추어져 있느니라 골 2:3

다섯째, 예수님 안에는 하나님의 모든 충만이 담겨 있다.

아버지께서는 모든 충만으로 예수 안에 거하게 하시고 골 1:19

그 안에는 신성의 모든 충만이 육체로 거하시고 골 2:9

여섯째, 예수님 안에는 은혜와 진리가 충만하다.

말씀이 육신이 되어 우리 가운데 거하시매 우리가 그의 영광을 보니

아버지의 독생자의 영광이요 은혜와 진리가 충만하더라 요 1:14

일곱째, 예수님은 영적 전쟁에서 승리를 주시는 분이다.

예수께서 그의 열두 제자를 부르사 더러운 귀신을 쫓아내며 모든 병
과 모든 약한 것을 고치는 권능을 주시니라 마 10:1

죄를 짓는 자는 마귀에게 속하나니 마귀는 처음부터 범죄함이라 하나
님의 아들이 나타나신 것은 마귀의 일을 멸하려 하심이라 요일 3:8

자녀들아 너희는 하나님께 속하였고 또 그들을 이기었나니 이는 너희
안에 계신 이가 세상에 있는 자보다 크심이라 요일 4:4

뿌리 깊은 영성은 먼저
아래로 성장하는 것이다

겸손한 삶

　나무의 크기는 뿌리에서 결정된다. 나무의 높이와 넓이는 뿌리가
땅 아래로 얼마나 성장하느냐에 따라 결정된다. 즉 보이는 것보다 보
이지 않는 것이 더 중요하다. 예수님은 먼저 내려가는 일을 하셨다.
구유에서 태어나셨고, 십자가에서 죽으셨으며, 음부에까지 내려가시
는 경험을 하셨다. 뿌리가 아래로 성장할수록 나무는 위로 높이 올라

간다.

　저수지가 깊을수록 많은 것을 받을 수 있다. 아래로 깊이 내려가고, 자기를 낮추는 겸손한 삶을 사는 것이 뿌리 깊은 영성을 추구하는 삶이다. 예수님은 뿌리 깊은 영성의 모델이시다. 예수님의 성장 과정을 잘 관찰해 보라. 예수님은 아래로 내려가는 일을 먼저 하셨다. 위에서 아래로 떨어지는 일을 먼저 하신 것이다.

🖉 요한복음 12장 24절을 성경에서 찾아 적어 보라.

24 내가 진실로 진실로 너희에게 이르노니 한 알의 밀이 땅에 떨어져 죽지 아니하면 한 알 그대로 있고 죽으면 많은 열매를 맺느니라

🖉 빌립보서 2장 8-9절을 성경에서 찾아 적어 보라.

8 사람의 모양으로 나타나사 자기를 낮추시고 죽기까지 복종하셨으니 곧 십자가에 죽으심이라
9 이러므로 하나님이 그를 지극히 높여 모든 이름 위에 뛰어난 이름을 주사

🖉 에베소서 4장 9-10절을 성경에서 찾아 적어 보라.

9 올라가셨다 하였은즉 땅 아래 낮은 곳으로 내리셨던 것이 아니면 무엇이냐

10 내리셨던 그가 곧 모든 하늘 위에 오르신 자니 이는 만물을 충만하
게 하려 하심이라

감추인 삶

예수님은 30년 동안 아래로, 점진적으로 성장하셨다. 그리고 3년의
공생애를 사셨다. 아래로 성장하는 시간을 충분히 가지셨기에 3년의
공생애 동안 그 많은 일을 잘 감당할 수 있으셨다. 하나님의 사람들은
위로 올라가기 전, 사람들에게 드러나기 전에 먼저 자신을 감추고 아
래로 성장하는 시간을 가져야 한다. 그때 알차게 성장하게 된다.

속사람을 돌보는 삶

뿌리를 깊이 내린다는 것은 우리 속사람을 강건하게 하는 것이요,
속사람을 돌보는 것이다. 속사람을 진리로 가득 채우는 것이다. 깊은
영성이란 바로 외모에서 나오는 것이 아니라 우리 속사람에게서 나
온다. 영성의 향기는 외모가 아니라 내면의 깊은 곳에서 나오는 향기
를 말한다.

🖊 에베소서 3장 16절을 성경에서 찾아 적어 보라.

16 그의 영광의 풍성함을 따라 그의 성령으로 말미암아 너희 속사람을
능력으로 강건하게 하시오며

✏️ 에베소서 3장 17-19절을 성경에서 찾아 적어 보라.

17 믿음으로 말미암아 그리스도께서 너희 마음에 계시게 하시옵고 너
희가 사랑 가운데서 뿌리가 박히고 터가 굳어져서
18 능히 모든 성도와 함께 지식에 넘치는 그리스도의 사랑을 알고
19 그 너비와 길이와 높이와 깊이가 어떠함을 깨달아 하나님의 모든
충만하신 것으로 너희에게 충만하게 하시기를 구하노라

훈련하는 삶

　예수님께 뿌리를 깊이 내릴 때 하나님의 모든 충만을 경험하게 된
다. 하나님의 관심은 위로 먼저 올라가는 것이 아니라 아래로 깊이 내
려가는 데 있다. 이 과정은 매우 고통스러우며 고난의 과정이기도 하
다. 그렇지만 하나님은 뿌리를 깊이 내리는 고난의 과정을 통해서 하
나님의 사람을 연단하시고 준비시키심을 기억해야 한다.

　요셉은 13년 동안 아래로 내려갔다. 아니, 13년 동안 아래로 성장했
다. 그 결과 애굽의 국무총리가 되었다. 모세도 40년 동안 아래로 내
려갔다. 기나긴 내려감이었다. 그러나 그 내려감을 통해 모세는 온유
한 성품의 소유자가 되었고 영적 리더십을 배우게 되었다. 그 결과 이
스라엘 민족을 애굽으로부터 인도해 내는 하나님의 사람이 되었다.

　긍정적인 생각을 갖고 긍정적인 훈련을 할 때 긍정적인 결과가 나
온다. 그리고 좋은 생각이 행동으로 옮겨질 때 빛을 발하게 된다. 챔

피언들은 훈련을 받는다. 일정한 원칙과 규칙을 따라 계속해서 지식과 기술을 연마하는 것이다. 결국 그들에게는 그에 합당한 면류관과 상급과 영광이 주어진다. 훈련된 사람들에게 비로소 일이 맡겨지는 것이다.

💬 당신의 인생을 돌아 보라. 당신의 삶에 일어난 사건을 기록하라. 그리고 그 사건을 연결하여 인생 그래프를 그려 보라. 당신의 삶을 정확하게 바라보는 것, 현재 당신이 서 있는 시점을 아는 것은 매우 중요하다.

☀️ 인도자 멘트

당신의 인생은 어떠한가요? 이 시간 여러분 각자의 삶 전체를 돌아보며 사건을 기록하는 시간을 갖고자 합니다. 인생 그래프를 그려봄으로써 우리 삶을 정확하게 바라보고, 현재 우리가 서 있는 시점을 알면 훈련에 더 큰 시너지가 날 것입니다.

Tip
모눈종이를 사용하거나 큰 종이를 활용하여 세밀하게 또는 크게 확대하여 살펴보는 것도 좋다.

· 영적 인도자의 도움 받기

영적 인도자는
버팀목과 같다

그 안에 뿌리를 박으며 세움을 받아 교훈을 받은 대로 믿음에 굳게 서서 감사함을 넘치게 하라 골 2:7

뿌리를 박고 세움을 입는 과정에서 중요한 역할을 하는 사람들이 영적 인도자다. 미숙하거나 잘못된 영적 인도자들이 신앙 성장의 장애물이 되기도 한다. 그러나 대부분의 영적 인도자들은 우리를 돕는다. 좋은 영적 인도자를 만나면 건실하게 성장할 수 있다.

영적 인도자는 나무를 옮겨 심은 후에 그 나무가 견고히 설 때까지 옆에 세워 놓는 버팀목과 같다. 그렇다고 영원히 그 자리에 서 있을 필요는 없다. 일정 기간 동안 뿌리를 내리고 세워질 때까지 곁에 서 있다가 혼자 설 수 있을 때 자리를 비켜 주는 것이다. 여기서 자리를 비켜 준다는 것은 완전히 떠나는 것을 의미하지 않는다. 조금 멀리서

지켜보면서 도와주는 것이다.

신앙이 아직 미숙할 때는 영적 인도자가 필요하다. 사도행전 8장을 보면, 빌립 집사와 에디오피아 여왕 간다게의 국고를 맡은 내시의 이야기가 나온다. 빌립이 이사야 53장을 읽고 있는 내시에게 "읽는 것을 깨닫느냐"(행 8:30)라고 묻는다. 그때 내시의 대답 속에서 영적 인도자의 필요성을 절감하게 된다.

대답하되 지도해 주는 사람이 없으니 어찌 깨달을 수 있느냐 하고 빌립을 청하여 수레에 올라 같이 앉으라 하니라 행 8:31

🔅 인도자 멘트

오늘날 교회에 가장 필요한 것은 영적 인도자입니다. 멘토링이 한국 교회에 들어온 것은 다행한 일입니다. 어떤 의미에서 같은 개념이라고 볼 수 있지요. 깊은 영성을 추구하기 원한다면 영적 인도자의 도움을 받아야 합니다.

💬 당신의 삶에서 기억에 남는 영적 인도자가 있는가? 혹은 현재 당신의 곁에 좋은 영적 인도자가 있는가? 당신의 영적 인도자를 왜 좋은 영적 멘토라 생각하는가? 만약 없다면, 당신을 멘토링 할 영적 인도자를 찾아 부탁해 보라.

영양분을 충분히
공급받으라

뿌리를 깊이 내리는 나무에게 제일 중요한 것은 영양분을 충분히 공급받는 것이다. 충분한 생명을 공급받을 때 뿌리를 아래로 깊이 내릴 수 있게 된다. 우리는 너무 성급해서 예수님을 만나자마자 다른 사람에게 주기를 힘쓴다. 채우기도 전에 주기 때문에 쉽게 고갈된다. 건실한 나무와 같이 성장하려면 먼저 받는 일에 힘써야 한다.

예수님은 사역을 할 때 하나님 아버지께 먼저 받으시고 제자들에게 나누어 주셨다. 예수님의 제자가 된다는 것은 제조자가 아니라 분배자가 되는 것이다. 위로부터 많이 받아서 그것을 흘려보내는 것이 사역이다. 그런 면에서 사역은 어려운 것이 아니다. 이 원리를 깨닫지 못해서 어렵게 느껴질 뿐이다.

예수님은 사역할 때 먼저 하나님 아버지께로부터 교훈을 받으셨다. 그리고 그것을 제자들에게 나누어 주셨다. 예수님이 하신 말씀은 모두 하나님 아버지께서 주신 것이다.

🖉 요한복음 7장 16절을 성경에서 찾아 적어 보라.

16 예수께서 대답하여 이르시되 내 교훈은 내 것이 아니요 나를 보내신 이의 것이니라

✏️ 요한복음 3장 34절을 성경에서 찾아 적어 보라.

34 하나님이 보내신 이는 하나님의 말씀을 하나니 이는 하나님이 성령을 한량 없이 주심이니라

_____

_____

사도 바울 역시 받은 것을 나누어 주었다. 그는 먼저 주님에게서 복음을 받았다. 그리고 그 복음을 또 다른 사람들에게 나누어 주었다.

✏️ 고린도전서 15장 3-4절을 성경에서 찾아 적어 보라.

3 내가 받은 것을 먼저 너희에게 전하였노니 이는 성경대로 그리스도께서 우리 죄를 위하여 죽으시고
4 장사 지낸 바 되셨다가 성경대로 사흘 만에 다시 살아나사

_____

_____

여호수아도 마찬가지였다. 먼저 모세를 통해서 율법을 받았다. 그리고 율법의 말씀을 가지고 가나안 땅을 정복했다.

✏️ 여호수아 1장 7절을 성경에서 찾아 적어 보라.

7 오직 강하고 극히 담대하여 나의 종 모세가 네게 명령한 그 율법을 다 지켜 행하고 우로나 좌로나 치우치지 말라 그리하면 어디로 가든지

형통하리니

_____

_____

_____

제자들은 새로운 교훈을 만들어 낸 것이 아니라 예수님이 그들에게 분부한 것을 모든 민족에게 가르쳐 지키게 했다.

✏️ 마태복음 28장 19-20절을 성경에서 찾아 적어 보라

19 그러므로 너희는 가서 모든 민족을 제자로 삼아 아버지와 아들과 성령의 이름으로 세례를 베풀고
20 내가 너희에게 분부한 모든 것을 가르쳐 지키게 하라 볼지어다 내가 세상 끝날까지 너희와 항상 함께 있으리라 하시니라

_____

보통은 학교에서 가르침, 즉 교훈을 받는다. 뿌리 깊은 영성을 추구하는 것은 예수님의 학교에 입학하여 예수님의 가르침을 받는 것이다. 예수님은 제자들에게 말씀으로, 행동으로 3년을 가르치셨다. 제자들이 3년 동안 예수님께 교훈을 받은 결과, 그들은 다른 사람을 가르칠 수 있는 하나님의 사람이 되었다.

영적 인도자들은 자신이 분배자로 사는 것임을 기억해야 한다. 사람들의 필요를 채울 수 있는 자원은 오직 하나님만이 가지고 계신다. 우리는 하나님의 은혜의 말씀을 나누는 통로다. 가장 탁월한 영적 인도자는 말씀의 통로 역할을 한다. 예수님에게서 충만히 받은 것을 나

💡 인도자 멘트 ─────

교훈은 뼈대와 같은 것입니다. 요동하는 어린아이의 특징은 여러 풍조에 흔들리는 것입니다. 에베소서 4장 14절에 보면, "이는 우리가 이제부터 어린아이가 되지 아니하여 사람의 속임수와 간사한 유혹에 빠져 온갖 교훈의 풍조에 밀려 요동하지 않게 하려 함이라"고 말씀합니다. 우리에게는 복음에 기초한 교훈이 필요합니다. 그때서야 우리는 뿌리 깊은 성도가 되는 것입니다.

🔆 인도자 멘트

요한은 요한복음 1장 16절에서 "우리가 다 그의 충만한 데서 받으니 은혜 위에 은혜러라"고 말씀합니다. 제자들은 바로 예수님에게서 충만히 받아서 다른 사람들에게 흘려보내는 역할을 했습니다.

누는 것이다.

워렌 위어스비는 제자 사역의 본질을 다음과 같이 강조하고 있다.

> 예수께 필요했던 것은 제조자로서의 제자가 아니라 분배자로서의 제자였다. 예수께서는 소년의 도시락을 취하여 하늘을 우러러 축사하시고 그것을 떼어 제자들에게 주시며 배고픈 무리에게 나누어 주라고 하셨다
>
> /《하나님의 종이 되는 일에 관하여》(워렌 위어스비)

하나님 나라에서 큰 자는 많이 구하는 자요, 먼저 많이 받는 자이다. 많이 소유한 자가 많이 줄 수 있다. 그러므로 먼저 받기를 힘써야 한다. 그리고 나누어 주어야 한다. 받기도 전에 나누려고 하는 자는 지혜롭지 못하다. 탁월한 사역자는 저수지에 물을 채우듯이 하나님의 말씀을 자신 안에 가득 채워 흘려보낸다.

💬 당신의 신앙생활을 돌아볼 때 가장 큰 은혜를 받은 적은 언제인가? 만약 그런 경험이 없다면, 이 훈련을 통해 어떤 은혜를 사모하는가?

ㆍ 믿음 안에서 성장하기

믿음이
뿌리 깊은 신앙의 핵을 이룬다

신앙의 초기에서 가장 중요한 역할을 하는 것은 믿음이다. 또한 신앙의 마지막 단계에서도 중요한 것이 믿음이다. 사도 바울은 그의 생애 마지막에서 믿음을 지켰다고 고백했다.

나는 선한 싸움을 싸우고 나의 달려갈 길을 마치고 믿음을 지켰으니
딤후 4:7

믿음은 말씀에 대한 반응이다. 신앙의 성장은 말씀에 대한 반응을 보일 때 이루어진다. 말씀을 듣는 것이 우리를 성장시키는 것이 아니라 들은 말씀에 반응을 보여서 순종하고 행동에 옮길 때 성장하게 된다. 믿음에 굳게 선다는 것은 확신에 거하는 것이다.

교훈이 많아지면 확신이 생긴다. 데이터가 부족할 때 의심이 많아지는 법이다. 많이 알고 정확하게 알며 체계적으로 알고 종합적으로

알면 확신에 이르게 된다. 확신은 배움과 체험을 통해서 온다. 그런데 제일 중요한 확신은 체험보다는 배움을 통해서 온다.

칼 바르트에게 성경이 하나님의 말씀임을 어떻게 믿을 수 있느냐고 질문했다. 그러자 그는 "어머님이 말씀하셨기 때문이다"라고 짧게 대답했다고 한다.

인간의 배움에 성령님이 함께하실 때 확신에 이르는 역사가 나타난다. 데살로니가 교인들이 성장할 수 있었던 것은 바로 말씀 속에서 성령님이 함께하신 역사 가운데 확신에 이르렀기 때문이다.

> 이는 우리 복음이 너희에게 말로만 이른 것이 아니라 또한 능력과 성령과 큰 확신으로 된 것임이라 우리가 너희 가운데서 너희를 위하여 어떤 사람이 된 것은 너희가 아는 바와 같으니라 살전 1:5

하나님의 말씀은 믿는 자 속에서 역사한다. 그리고 말씀과 믿음이 화합할 때 역사가 나타난다.

> 이러므로 우리가 하나님께 끊임없이 감사함은 너희가 우리에게 들은 바 하나님의 말씀을 받을 때에 사람의 말로 받지 아니하고 하나님의 말씀으로 받음이니 진실로 그러하도다 이 말씀이 또한 너희 믿는 자 가운데에서 역사하느니라 살전 2:13

> 그들과 같이 우리도 복음 전함을 받은 자이나 들은 바 그 말씀이 그들에게 유익하지 못한 것은 듣는 자가 믿음과 결부시키지 아니함이라 히 4:2

결국 믿음이 신앙의 핵을 이룬다. 예수님을 영접한 다음에 가장 중요한 것은 믿음으로 사는 것이며 믿음 안에 성장하는 것이다.

복음에는 하나님의 의가 나타나서 믿음으로 믿음에 이르게 하나니 기록된 바 오직 의인은 믿음으로 말미암아 살리라 함과 같으니라 롬 1:17

믿음에 굳게 서는 것은,
첫째, 믿음의 대상을 확고히 하는 것이다.
둘째, 믿음의 약속을 확고히 붙잡는 것이다.
셋째, 말씀을 들음으로 믿음을 강화하는 것이다.
넷째, 말씀을 실천하는 가운데 하나님을 경험하는 것이다.
다섯째, 믿음은 계속해서 성장한다는 사실을 믿고 전진하는 것이다.
여섯째, 믿음의 저자이신 예수님을 바라보는 것이다.
일곱째, 세상을 이기는 승리는 믿음이라는 것이다.

🗩 믿음에 굳게 서는 일곱 가지 의미를 통해 당신은 믿음에 어떻게 굳게 설지 다짐해 보라.

인도자 멘트

우리는 거듭 예수님께로 돌아가야 합니다. 그리고 예수님 안에 이미 거하고 있음을 믿음으로 확신해야 합니다. 뿌리를 깊게 내림으로 믿음의 확신을 갖고 사는 우리가 되길 소망합니다.

예수님은 믿음의 저자이시다. 예수님께 뿌리를 내리면 예수님의 믿음을 전수받게 되고, 그 믿음으로 세상을 이기게 된다.

믿음의 주(the author of our faith)요 또 온전하게 하시는 이인 예수를 바라보자 그는 그 앞에 있는 기쁨을 위하여 십자가를 참으사 부끄러움을 개의치 아니하시더니 하나님 보좌 우편에 앉으셨느니라 히 12:2

무릇 하나님께로부터 난 자마다 세상을 이기느니라 세상을 이기는 승리는 이것이니 우리의 믿음이니라 요일 5:4

감사는
건강한 영혼의 표지다

예수님께 뿌리를 내린 사람의 마지막 모습은 감사함이 넘치는 것이다. 고든 맥도날드는 가장 탁월한 영혼의 질을 '감사하는 영혼'으로 보았다. 감사는 반응하는 능력에서 나온다. 사건보다 더 중요한 것은 해석이요, 그 사건에 반응하는 능력이며 태도다. 뿌리 깊은 영성의 소유자는 모든 일에 감사하는 반응을 보인다. 긍정적으로 모든 일을 해석하는 것이다. 감사는 건강한 영혼의 표지다. 감사는 그 안에 평강과 의의 열매가 충만하다.

또한 감사는 성령충만의 증거다. 범사에 감사하는 삶은 하나님의 가장 소중한 뜻이다. 감사하며 자족하는 삶의 모습이다. 하나님의 사람의 특징은 감사하고 자족하는 삶을 살았다는 것이다.

¹⁹ 시와 찬송과 신령한 노래들로 서로 화답하며 너희의 마음으로 주께 노래하며 찬송하며 ²⁰ 범사에 우리 주 예수 그리스도의 이름으로 항상 아버지 하나님께 감사하며 엡 5:19-20

¹⁵ 그리스도의 평강이 너희 마음을 주장하게 하라 너희는 평강을 위하여 한 몸으로 부르심을 받았나니 너희는 또한 감사하는 자가 되라 ¹⁶ 그리스도의 말씀이 너희 속에 풍성히 거하여 모든 지혜로 피차 가르치며 권면하고 시와 찬송과 신령한 노래를 부르며 감사하는 마음으로 하나님을 찬양하고 ¹⁷ 또 무엇을 하든지 말에나 일에나 다 주 예수의 이름으로 하고 그를 힘입어 하나님 아버지께 감사하라 골 3:15-17

¹⁶ 항상 기뻐하라 ¹⁷ 쉬지 말고 기도하라 ¹⁸ 범사에 감사하라 이것이 그리스도 예수 안에서 너희를 향하신 하나님의 뜻이니라 살전 5:16-18

감사하는 자가 되라. 하나님이 합력해서 선을 이루시는 손길을 믿으라. 모든 일에 긍정적으로 해석하라. 예수님의 기적은 감사를 통해서 왔다. 감사는 기적을 일으키고, 하나님의 마음을 움직인다. 영적인 부요와 내적인 부요에 감사하라. 이 세상에는 돈으로 살 수 없는 것들이 있다. 그것은 내면의 풍성함이다. 이 세상에서 가장 가난한 사람은 돈밖에 없는 사람이다.

어떤 성취보다도 예수님 안에 변화된 존재 자체로 만족하라. 하나님의 은혜를 세어 보라. 하나님의 은혜에 감사하고, 은혜를 베푼 사람들에게 감사하라. 잃어버린 것보다는 남아 있는 것을 보라.

💬 당신은 감사의 생활을 하고 있는가? 감사제목을 구체적으로 적어 보자.

뿌리를 강화하면

풍성한 열매를 맺게 된다

가장 중요한 것은 보이지 않는다. 그래서 뿌리의 병은 매우 무섭다. 서서히 죽어가기 때문이다. 영혼이 병든 것처럼 무서운 것은 없다. 뿌리를 강화하면 열매는 저절로 맺게 되어 있다. 애리조나에 있는 선인장은 더위를 이기기 위해 뿌리를 내릴 때 1,000피트(약 304미터)까지 내린다고 한다.

뿌리 깊은 영성은 하루아침에 만들어지지 않는다. 깊은 영성은 조급함으로 되는 것이 아니다. 변화와 성장과 성숙의 과정을 거쳐서 완숙함에 이르는 것이다.

1주차를 마치며

이제 1주차 훈련이 끝났다. 시작이 반이라고 했다. 1주차 훈련을 마치면서 당신의 심정을 정리해 보라. 더불어 앞으로 남은 훈련을 어떻게 이어갈지 다짐해 보라.

Tip
서로가 다짐한 핵심사항을 인도자는 잘 정리하여 요약 마무리하고, 감사운동을 다시금 전달하면서 기도로 훈련을 마치면 좋다.

//////

2주
내적 혁명을 통한 깊은 영성

이번 주 주제

- 성장을 넘어 성숙에 이르기 위해 내적 혁명을 한다.

- 생각이 깊으며 많은 것을 품을 수 있는 사람이 된다.

- 외적인 삶이 아니라 내적인 변화를 추구한다.

- 농부처럼 매일 속사람을 아름답게 가꾼다.

- 나의 예배 모습을 돌아보고 내면의 성소에서 참된 예배를 드린다.

Ice Breaking

감사운동에 관한 경험담 나누기

소요 시간: 10~15분

지난주 미션이었던 감사운동의 실천 여부와 함께 특별한 경험담을 함께

나눈다. 일상 가운데 잔잔한 은혜를 나누고, 조금씩 성장해 가는 모습은

모든 훈련생에게 도전과 희망을 주고 함께 마지막까지 완주할 수 있게 하

는 원동력이 된다.

· 내부지향적인 삶 추구하기

🔆 인도자 멘트

스티븐 코비도 찰스 핸디와 비슷한 말을 합니다. 인간에게는 세 가지 삶이 있다고 하는데, 바로 공적인 삶과 사적인 삶과 내적인 삶입니다. 즉 사회생활을 하는 공적인 삶과 가정에 돌아가서 갖게 되는 사적인 삶으로 인간은 참된 만족을 누릴 수 없다는 것입니다. 다시 말해, 진정한 삶이란 자신의 내적인 삶을 추구하는 것입니다. 사실 우리가 경험하고 있는 것처럼 외적인 화려함이나 부요함이 진정한 만족을 주는 것은 아닙니다. 인간의 행복이란 외적인 것보다 오히려 내적인 데 있습니다.

당신을 내부지향적인 삶으로 초대한다. 뿌리 깊은 영성을 소유하려면 먼저 아래로 성장해야 한다. 아래로 성장하는 삶은 내부지향적인 삶을 사는 것을 의미한다. 《헝그리 정신》(찰스 핸디 저)이란 책을 보면, 인간을 세 가지 형태로 구분한다. 생존지향적인 삶, 외부지향적인 삶, 내부지향적인 삶이다.

처음 생활이 어려울 때 사람들은 생존지향적인 삶을 살아간다. 먹고살기 바쁘기 때문에 다른 데 여유를 가질 수가 없는 것이다. 그런데 생존의 단계를 넘어서면 서서히 외부지향적인 삶을 살게 된다. 외부 활동을 하고 싶고, 영향력을 끼치고 싶은 마음이 생기는 것이다. 그러면서 나름대로 보람도 느끼고, 자신의 존재 영향력을 확인하게 된다. 그러나 그것도 어느 단계에 들어가면 한계를 느낀다. 결국에는 자신의 내면세계를 돌아보는 내부지향적인 삶을 살아가게 되는 것이다. 돈으로 살 수 없는 내적인 부요를 추구하게 된다.

💬 당신은 '생존지향적인 삶 - 외부지향적인 삶 - 내부지향적인 삶' 중 어느
단계에 있다고 생각하는가? 그 이유는 무엇인가?

뿌리 깊은 영성을 추구한다는 것은 내부지향적인 삶을 추구하는
것이다. 그러나 우리는 세상 사람들과 전혀 다르다. 세상 사람들은 생
존지향적인 삶에서 외부지향적인 삶으로 그리고 외부지향적인 삶에
서 내부지향적인 삶으로 가지만, 우리 그리스도인들은 처음부터 내
부지향적인 삶으로 들어갈 수가 있기 때문이다. 우리는 세상 사람들
과 다른 차원에서 살기에 가능한 것이다. 내부지향적인 삶이 가장 고
상하며 하나님이 가장 값지게 보시는 삶이다.

한국 교회는 그동안 생존지향적인 구조에서 외부지향적인 구조로
성장했다. 교회 건물도 많이 지었고, 숫자적으로도 많이 성장했으며,
선교사들도 많이 파송했다. 물론 아직도 생존을 위해 존재할 수밖에
없는 현실에 놓여 있는 교회도 있지만 말이다. 그런데 이제는 외부지
향적인 성장에 한계를 느끼고 있다. 교회 건물은 세웠지만, 신령한 집
인 성도들의 영혼의 집은 황폐한 상태를 경험하고 있기 때문이다. 많
은 그리스도인이 영적 침체를 통과하고 있다. 결국 이제 사람들은 내

부지향적인 구조에 관심을 갖기 시작했다.

💬 우리 교회는 어느 단계에 있다고 생각하는가? 그 이유는 무엇인가?

🔆 인도자 멘트

외적인 행동의 변화는 일순간의 압력으로 일어날 수 있습니다. 상이나 벌, 사람들의 체면이나 압력을 통해서 행동은 잠시 변화될 수 있습니다. 그러나 진정한 변화는 일어날 수 없지요. 내적인 변화가 없는 한, 잘못된 행동은 반복되기 마련입니다.

내적 변화는 내적 확신에서 옵니다. 내면의 확신을 통해서 일어난 변화라야 진정한 변화입니다. 내적인 변화는 인간의 마음과 언어와 행동과 인격을 총체적으로 변화시켜 줍니다. 이번 2주차 훈련과정을 통해 우리에게 내적 혁명이 일어나길 기대합니다.

최근에 한국 교회에 가장 많이 대두되고 있는 문제는 바로 '내적 치유'다. 나는 어릴 때 '한'(恨)이라는 말은 들어봤어도, '내적 치유'라는 말은 들어보지도 못했다. '상담'이란 말 자체도 매우 고급스러운 단어였다. 신학교에서 심리학과 상담학을 가르친다는 것이 세속적이라 하여 문제가 되던 때도 있었다. 그런데 지금은 내적 치유, 상한 감정의 치유, 영혼의 치유 문제가 중요한 이슈다. 이제 생존의 문제가 해결되면서 여유가 생겼고, 자연스럽게 이전에 생각하지 않았던 내면에 있는 상처들이 주목받고 있는 것이다. 외적인 부요로 만족할 수 없을 때 다시 내면의 부요와 정신적인 부요로 돌아간다. 성장을 넘어서 성숙을 추구하게 되는 것이다.

한국 교회는 새로운 전환점을 맞이하고 있다. 외적인 성장에서 내면의 세계로 들어가고 있는 것이다. 그래서 이제는 '성장하는 교회'라는 말보다 '건강한 교회'라는 말을 쓰기 좋아한다. 우리도 내면에 들어가서 영적으로 깊이 뿌리 내리길 원한다. 이제는 정말 본질의 문제를 다뤄야 한다. 균형 잡힌 영성, 신학적으로 올바른 영성 운동이 일어나기를 바란다.

변화를 통한 성장, 성장을 넘어선 성숙에 이르기 위해서는 내적 혁명이 있어야 한다. 외적인 변화는 지속적이지 못하다. 때문에 변화는 내면에서부터 일어나야 한다. 그것이 진정한 변화요, 지속적이면서 동시에 영속적인 변화다.

💬 당신의 교회가 건강한 교회로 나아가기 위해서 '너'가 아닌 '나' 스스로에게 먼저 내적 혁명이 일어나야 한다. 이 훈련을 통해 당신은 어떻게 성숙해지리라 확신하는가?

· 깊은 바다와 같은 사람 되기

진정한 보화는

깊은 바다에 담겨 있다

예수님께 깊이 뿌리를 내린다는 것은, 깊은 영적 세계로 들어가는 것을 의미한다. 한마디로, 깊이 있는 사람이 되는 것이다. 이는 오늘날 우리가 가장 찾고 있는 사람이기도 하다.

오늘날 절실히 요청되는 사람은 지능이 높거나 혹은 재능이 많은 사람이 아니라 깊이가 있는 사람이다

/ 리처드 포스터

당신은 깊이 있는 삶을 살아야 한다. 그렇게 할 때 당신은 사람들의 심령을 이해할 수 있고 느낄 수 있다

/ 존 올만

밤이 맞도록 수고했지만 고기 한 마리도 잡지 못한 베드로에게 예

수님이 하신 말씀이 무엇인가? 바로 깊은 데로 가서 그물을 내리라는 것이다. 즉, 예수님은 깊은 영적 세계로 베드로를 초청하셨다. 예수님의 그 말씀은 결국 영혼을 구원하기 위해 깊은 데로 가서 그물을 내리라는 제자의 삶으로의 초청이었다. 오늘날에도 주님은 우리를 깊은 영적 세계로 초청하고 계신다.

> 말씀을 마치시고 시몬에게 이르시되 깊은 데로 가서 그물을 내려 고기를 잡으라 눅 5:4

> 주의 폭포 소리에 깊은 바다가 서로 부르며 시 42:7a

💬 당신이 예수님을 인격적으로 만난 사건은 무엇인가?

💡 인도자 멘트

주님은 지금 이 시간에도 우리를 부르고 계십니다. 때문에 우리가 이 훈련을 받고 있는 것입니다. 우리에게 모두 예수님을 인격적으로 만난 사건이 있을 것입니다. 그러나 그 감동이 쉽게 잊히는 것은 외적인 변화에서 그치기 때문입니다. 이 시간 인격적으로 주님을 만났을 때를 돌아보고, 그 감격이 이 훈련을 통해 내면 가운데 뿌리내리길 소망합니다.

가장 소중한 것은 깊은 데 감추어져 있다. 우리가 보화를 발견하려면 깊은 데로 들어가야 한다. 깊은 데로 들어가는 모험이 있어야 하는 것이다. 많은 사람들은 은혜의 바다 앞에서 머무르고 만다. 하지만 우리는 깊은 바다로 들어가서 깊은 바다와 같은 사람이 되어야 한다.

강물엔 나룻배를 띄우고, 바다엔 고깃배를 띄웁니다. 개울엔 종이배를 띄우고, 큰 바다엔 여객선이나 화물선을 띄웁니다. 다시 말해, 물이 깊어야 큰 배가 뜨는 것입니다. '깊다'는 것은 여러 가지 의미를 가집니다. 바다가 깊다는 것은 품는 품이 크다는 것이고, 그 안에 감춰진 보화가 많다는 것을 의미합니다. 바다가 깊다는 것은 무게가 있다는 뜻입니다. 개울물 소리는 시끄럽지만, 깊은 물은 소리가 나지 않습니다. 바다처럼 깊이 있는 사람은 생각이 깊고 깨달음이 깊으며 언어에 깊이가 있습니다.

깊이 있는 사람은 많은 것을 품을 수 있기에 열린 마음을 가졌다. 큰 바다는 거친 물결과 험한 파도를 만났을 때에도 여유를 보인다. 이처럼 깊이 있는 사람은 인생의 역경과 시련 속에서도 여유를 잃지 않는다. 그 사람에게는 넉넉함이 있고, 고요함이 있으며, 깊이가 있다. 그는 남들이 소유하지 못한 깊은 보물을 소유하고 있는 것이다. 진정한 보화는 깊은 바다에 담겨 있고 은밀한 곳에 숨어 있다.

> 네게 흑암 중의 보화와 은밀한 곳에 숨은 재물을 주어 네 이름을 부르는 자가 나 여호와 이스라엘의 하나님인 줄을 네가 알게 하리라
> 사 45:3

하나님의 영적인 세계는 깊다. 뿌리를 깊이 내리는 영적 체험을 할 때 비로소 하나님의 깊은 세계를 체험하게 된다. 그런 체험은 성령님의 도우심으로만 가능하다.

> 오직 하나님이 성령으로 이것을 우리에게 보이셨으니 성령은 모든 것 곧 하나님의 깊은 것까지도 통달하시느니라 고전 2:10

피상적인 삶에서 탈피하여 깊은 영혼의 세계로 들어가 보라. 이것이 바로 뿌리 깊은 영성을 추구하는 것이다. 이 훈련을 통해 거대한 말씀의 바다로 들어가 깊은 성령의 세계를 경험하길 소망한다.

> 사람의 영혼은 여호와의 등불이라 사람의 깊은 속을 살피느니라
> 잠 20:27

하나님의 관심은
외모가 아니라 내면에 있다

하나님은 보이는 것이 아니라 보이지 않는 것에 관심이 있으시다. 우리의 마음과 그 마음의 동기를 보신다. 경건의 모양이 아니라 경건의 능력을 보시는 것이다. 하나님의 관심은 우리의 속사람에 있다.

✎ 사무엘상 16장 7절을 성경에서 찾아 적어 보라.

7 여호와께서 사무엘에게 이르시되 그의 용모와 키를 보지 말라 내가 이미 그를 버렸노라 내가 보는 것은 사람과 같지 아니하니 사람은 외모를 보거니와 나 여호와는 중심을 보느니라 하시더라

✎ 예레미야 20장 12절을 성경에서 찾아 적어 보라.

12 의인을 시험하사 그 폐부와 심장을 보시는 만군의 여호와여 나의 사정을 주께 아뢰었사온즉 주께서 그들에게 보복하심을 나에게 보게 하옵소서

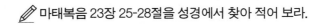 마태복음 23장 25-28절을 성경에서 찾아 적어 보라.

25 화 있을진저 외식하는 서기관들과 바리새인들이여 잔과 대접의 겉은 깨끗이 하되 그 안에는 탐욕과 방탕으로 가득하게 하는도다
26 눈 먼 바리새인이여 너는 먼저 안을 깨끗이 하라 그리하면 겉도 깨끗하리라
27 화 있을진저 외식하는 서기관들과 바리새인들이여 회칠한 무덤 같으니 겉으로는 아름답게 보이나 그 안에는 죽은 사람의 뼈와 모든 더러운 것이 가득하도다
28 이와 같이 너희도 겉으로는 사람에게 옳게 보이되 안으로는 외식과 불법이 가득하도다

_____

_____

_____

_____

_____

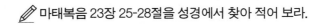 디모데후서 3장 5절을 성경에서 찾아 적어 보라.

5 경건의 모양은 있으나 경건의 능력은 부인하니 이같은 자들에게서 네가 돌아서라

_____

_____

참된 변화는
내적 혁명에서 일어난다

우리에게 필요한 것은 내적 혁명이지, 외적 개혁이나 혁명이 아니다. 참된 변화는 사회구조나 조직을 개편하는 것이 아니라 인간 개개인의 내면이 변화될 때 일어난다. 가장 큰 문제는 우리의 마음에서 출발한다. 하나님은 우리 마음의 어두운 부분을 아신다.

✎ 예레미야 17장 9-10절을 성경에서 찾아 적어 보라.

9 만물보다 거짓되고 심히 부패한 것은 마음이라 누가 능히 이를 알리요마는

10 나 여호와는 심장을 살피며 폐부를 시험하고 각각 그의 행위와 그의 행실대로 보응하나니

✎ 마태복음 15장 18-19절을 성경에서 찾아 적어 보라.

18 입에서 나오는 것들은 마음에서 나오나니 이것이야말로 사람을 더럽게 하느니라

19 마음에서 나오는 것은 악한 생각과 살인과 간음과 음란과 도둑질과 거짓 증언과 비방이니

사도 바울은 인간의 죄악을 고발할 때 입으로 짓는 죄를 말한다. 그러나 그 뿌리는 사실 마음에서 나오는 것이다.

✏️ 로마서 3장 13-14절을 성경에서 찾아 적어 보라.

13 그들의 목구멍은 열린 무덤이요 그 혀로는 속임을 일삼으며 그 입술에는 독사의 독이 있고
14 그 입에는 저주와 악독이 가득하고

바울은 자신의 내면세계를 알았던 사람이다. 그리고 내면과의 싸움을 누구보다도 치열하게 경험했던 사람이다. 그는 내면의 혁명이야말로 가장 중요한 혁명임을 알았다. 그 이유는 자신의 내면 안에서 철저한 절망을 경험했기 때문이다.

✏️ 로마서 7장 18-20절을 성경에서 찾아 적어 보라.

18 내 속 곧 내 육신에 선한 것이 거하지 아니하는 줄을 아노니 원함은 내게 있으나 선을 행하는 것은 없노라
19 내가 원하는 바 선은 행하지 아니하고 도리어 원하지 아니하는 바 악을 행하는도다
20 만일 내가 원하지 아니하는 그것을 하면 이를 행하는 자는 내가 아

니요 내 속에 거하는 죄니라

Tip
[갈라디아서 5:19-21]
육체의 일은 분명하니 곧 음행과 더
러운 것과 호색과 우상 숭배와 주술
과 원수 맺는 것과 분쟁과 시기와 분
냄과 당 짓는 것과 분열함과 이단과
투기와 술 취함과 방탕함과 또 그와
같은 것들이라 전에 너희에게 경계
한 것같이 경계하노니 이런 일을 하
는 자들은 하나님의 나라를 유업으로
받지 못할 것이요

💬 갈라디아서 5장 19-21절을 성경에서 찾아 읽고, 여기서 바울이 말하는
육신적인 것은 무엇이며 육신의 일은 어떤 것인지 적어 보라.

육신적인 것:
음행, 더러운 것, 호색, 우상 숭배, 주술, 원수 맺는 것, 분쟁, 시기, 분냄, 당 짓는 것, 분
열, 이단, 투기, 술 취함, 방탕함 및 그와 같은 것들

육체의 일은 하나님의 사람 안에도 여전히 존재한다. 육체의 일을
좇아 살지 않고 성령을 따라 살아도, 이 육체의 일이 우리 안에서 괴
롭히고 있다는 것이다. 바울은 그 고통을 극심하게 경험했던 사람이
다. 그래서 그는 로마서에서 다음과 같이 절규한다.

오호라 나는 곤고한 사람이로다 이 사망의 몸에서 누가 나를 건져내
랴 롬 7:24

에이미 윌슨 카마이클의 고백을 들어 보라.

하나님, 내 자아와 싸우는 데 나를 강하게 하소서

나는 애처로운 목소리를 가진 겁쟁이

편안함과 안식과 기쁨을 갈망하는 자입니다

내 자아는 나 자신에게 가장 큰 반역자

나의 가장 속 빈 친구

나의 가장 무서운 적

내가 가는 모든 길을 가로막는 나의 장애물

🔆 인도자 멘트

"네가 말하기를 나는 부자라 부요하여 부족한 것이 없다 하나 네 곤고한 것과 가련한 것과 가난한 것과 눈 먼 것과 벌거벗은 것을 알지 못하는도다"(계 3:17). 영적 성장의 가장 큰 장애물은 바로 나 자신임을 알아야 합니다. 나 자신이 처한 환경이나 삶의 조건이 아니라 내면세계의 무질서와 혼돈에 있음을 알아야 합니다. 철저한 절망이 내면의 개혁을 위한 전제 조건입니다. 부족함을 느낄 때 하나님의 역사는 일어납니다. 가장 큰 비극은 나 자신의 처절한 모습을 보지 못하는 것입니다.

하나님은 우리가 상한 심령을 가지고 주께 나오는 것을 좋아하신다. 가난하고 애통하는 마음에 복이 있다고 말씀하신다.

하나님께서 구하시는 제사는 상한 심령이라 하나님이여 상하고 통회하는 마음을 주께서 멸시하지 아니하시리이다 시 51:17

여호와는 마음이 상한 자를 가까이 하시고 충심으로 통회하는 자를 구원하시는도다 시 34:18

3심령이 가난한 자는 복이 있나니 천국이 그들의 것임이요 4애통하는 자는 복이 있나니 그들이 위로를 받을 것임이요 마 5:3-4

• 근본적인 마음의 개혁

내적 혁명은

새 마음을 받을 때 가능하다

변화하기 전에 혁명이 일어나야 한다. 변화는 생명을 받은 다음에 일어나는 것이다. 근본적인 변화는 내적 혁명을 통해서 이루어진다. 하나님은 그 일을 자기 백성 안에서 이루신다.

내가 여호와인 줄 아는 마음을 그들에게 주어서 그들이 전심으로 내게 돌아오게 하리니 그들은 내 백성이 되겠고 나는 그들의 하나님이 되리라 렘 24:7

19내가 그들에게 한 마음을 주고 그 속에 새 영을 주며 그 몸에서 돌 같은 마음을 제거하고 살처럼 부드러운 마음을 주어 20내 율례를 따르며 내 규례를 지켜 행하게 하리니 그들은 내 백성이 되고 나는 그들의 하나님이 되리라 겔 11:19-20

또 새 영을 너희 속에 두고 새 마음을 너희에게 주되 너희 육신에서
굳은 마음을 제거하고 부드러운 마음을 줄 것이며 겔 36:26

너희 안에 이 마음을 품으라 곧 그리스도 예수의 마음이니 빌 2:5

나는 마음이 온유하고 겸손하니 나의 멍에를 메고 내게 배우라 그리
하면 너희 마음이 쉼을 얻으리니 마 11:29

💬 이 훈련을 시작한 이래 당신의 삶에서 가장 개혁되거나 변화된 것이 있
는가? 외적인 삶이나 내적인 삶을 나누어 생각해 보라. 더불어 새롭게
시작된 내면의 전쟁이 무엇인지도 적어 보라.

우리는 사람들을 변화시키려고 하기 전에 하나님을 만나도록 도와
주어야 한다. 하나님이 그들 안에 새로운 일을 시작하시고 근본적인
마음의 개혁이 일어나도록 도와주어야 한다. 그래야 새로운 역사가
일어나며, 새로운 피조물이 되는 경험을 하게 된다.

그런즉 누구든지 그리스도 안에 있으면 새로운 피조물이라 이전 것은 지나갔으니 보라 새것이 되었도다 고후 5:17

💬 당신은 하나님을 만나도록 도울 사람이 있는가? 지금 생각나는 사람을 적어 보라.

뿌리 깊은 영성이란 노력하고 몸부림치기 전 이미 하나님이 예비하신 은혜를 받음으로써 시작된다. 하나님의 마음과 생명과 사랑을 받아들일 때 가능한 것이다. 하나님이 우리 안에 들어오시면 우리에게 새 마음을 주신다. 그러나 중요한 것은 하나님이 우리 안에 들어오실 때 우리 내면의 모든 문제를 해결하고 들어오시는 것은 아니라는 사실이다.

예수님이 이 땅에 처음으로 임하신 자리는 마구간이었다. 그 마구간은 깨끗하고 정리된 곳이 아니었다. 다만 예수님이 임하심으로 그 자리가 빛났다. 아름다운 자리로, 축복의 자리로 변화된 것이다. 연약한 질그릇에 하나님의 보배를 받은 것이다.

우리가 이 보배를 질그릇에 가졌으니 이는 심히 큰 능력은 하나님께 있고 우리에게 있지 아니함을 알게 하려 함이라 고후 4:7

하나님만이
속사람을 변화시키실 수 있다

진정한 성숙은 우리 내면의 성숙을 의미한다. 우리 속사람이 그리스도의 형상을 닮아가는 것이다. 이것은 반복되는 하나님의 관심이다.

나의 자녀들아 너희 속에 그리스도의 형상을 이루기까지 다시 너희를 위하여 해산하는 수고를 하노니 갈 4:19

예수 그리스도를 닮아가는 재능보다 더 귀한 것은 없다
/ 로버트 멕체인

참된 위대함은 그가 처한 환경에 있는 것이 아니라 그의 성품에 있다
/ 오스왈드 챔버스

하나님은 다음 세 가지를 통해 우리 속사람을 변화시키신다.

첫째, 말씀을 통한 변화

✏️ 디모데후서 3장 16-17절을 성경에서 찾아 적어 보라.

16 모든 성경은 하나님의 감동으로 된 것으로 교훈과 책망과 바르게
함과 의로 교육하기에 유익하니
17 이는 하나님의 사람으로 온전하게 하며 모든 선한 일을 행할 능력
을 갖추게 하려 함이라

둘째, 성령님을 통한 변화

✏️ 고린도후서 3장 18절을 성경에서 찾아 적어 보라

18 우리가 다 수건을 벗은 얼굴로 거울을 보는 것같이 주의 영광을 보
매 그와 같은 형상으로 변화하여 영광에서 영광에 이르니 곧 주의 영
으로 말미암음이니라

성령님은 말씀을 사용하셔서 우리를 변화시키신다. 예수님의 모습
은 성령님의 9가지 열매로 나타난다. 성령님을 의지하면 할수록 성령
님은 우리가 주님의 모습을 닮도록 도와주신다.

✏️ 갈라디아서 5장 22-23절을 성경에서 찾아 적어 보라.

22 오직 성령의 열매는 사랑과 희락과 화평과 오래 참음과 자비와 양
선과 충성과
23 온유와 절제니 이 같은 것을 금지할 법이 없느니라

성령의 은사와 능력과 함께 우리는 성령의 열매에 관심을 가져야
한다. 더 깊이 들어가 보면 진정한 능력은 성령의 열매를 통해서 나
타난다. 그리스도인의 인격을 통해서 나타나는 능력보다 더 큰 것
은 없다.

우리가 조직을 의지할 때 조직이 제공하는 것을 얻게 된다. 우리가 교
육을 의지할 때 교육이 제공하는 것을, 웅변을 의지할 때 웅변이 제공
하는 것을 얻는다. 그러나 우리가 성령님을 의지할 때 하나님이 제공
하는 것을 얻는다
/ A. C. 딕슨

우리는 성령님의 사역을 이해해야 한다. 그리스도인이 성령님께
일찍 눈을 뜰수록 복되다. 왜냐하면 모든 변화의 주체는 성령님이
붙잡고 계시기 때문이다. 다만 성령님이 나를 변화시키실 수 있도
록 자신을 그분께 내어 드려야 한다. 그래야 변화가 나타난다.

주 여호와께서 이 뼈들에게 이같이 말씀하시기를 내가 생기를 너희에

게 들어가게 하리니 너희가 살아나리라 겔 37:5

마침내 위에서부터 영을 우리에게 부어 주시리니 광야가 아름다운 밭
이 되며 아름다운 밭을 숲으로 여기게 되리라 사 32:15

신약 시대에 오면, 성령님은 우리에게 두 가지로 역사하신다. 우리
속에서 역사하시고, 우리 위에 능력으로 임하신다. 뿌리 깊은 영성은
이 두 가지를 모두 추구한다. 왜냐하면 우리 속에서 역사하시는 성령
님의 역사는 우리의 성품과 관련이 있고, 우리 위에 임하시는 성령님
의 역사는 능력과 관련되어 있기 때문이다. 뻗어 나가는 영성(6주)을
다룰 때 위로부터 임하시는 성령님에 대해 배우게 된다. 먼저 우리 속
에 역사하시는 성령 하나님에 대해 배워 보자.

내가 주는 물을 마시는 자는 영원히 목마르지 아니하리니 내가 주는
물은 그 속에서 영생하도록 솟아나는 샘물이 되리라 요 4:14

이는 그를 믿는 자들이 받을 성령을 가리켜 말씀하신 것이라 (예수
께서 아직 영광을 받지 않으셨으므로 성령이 아직 그들에게 계시지 아니하시더라)
요 7:39

그의 영광의 풍성함을 따라 그의 성령으로 말미암아 너희 속사람을
능력으로 강건하게 하시오며 엡 3:16

성령님이 우리 안에서 자유롭게 역사하시도록 해야 한다. 그때 우
리는 더욱 아름답게 변화될 수 있다.

셋째, 환경을 통한 변화

하나님은 말씀과 성령님을 통해서 우리를 변화시키길 원하신다. 그러나 우리는 고집스러울 때가 많다. 그래서 하나님은 고통스러운 환경을 통해 우리를 변화시키신다. 고통을 경험하게 되면 우리는 변화를 생각한다. 고통을 통해 교훈을 얻는 것이다. 자신의 문제를 인정할 때 변화는 시작된다. 이와 같이 하나님은 환경을 통해서 변화를 추구하신다.

✎ 잠언 20장 30절을 성경에서 찾아 적어 보라.

30 상하게 때리는 것이 악을 없이하나니 매는 사람 속에 깊이 들어가느니라

✎ 로마서 8장 17절을 성경에서 찾아 적어 보라.

17 자녀이면 또한 상속자 곧 하나님의 상속자요 그리스도와 함께 한 상속자니 우리가 그와 함께 영광을 받기 위하여 고난도 함께 받아야 할 것이니라

· 농부의 마음으로 내면 가꾸기

매일 속사람을

아름답게 가꾸라

💬 당신은 당신의 속사람을 아름답게 가꾸기 위해 매일 어떠한 노력을 하
는가?

하나님의 관심은 우리 내면에 있다는 사실을 확실히 알아야 한다. 우리 속사람에, 우리 마음에, 깊은 영혼에 관심이 있으시다.

✏️ 베드로전서 3장 3-4절을 성경에서 찾아 적어 보라.

3 너희의 단장은 머리를 꾸미고 금을 차고 아름다운 옷을 입는 외모로 하지 말고
4 오직 마음에 숨은 사람을 온유하고 안정한 심령의 썩지 아니할 것으로 하라 이는 하나님 앞에 값진 것이니라

속사람을 아름답게 가꾸기 위해서는 우리 내면에 관심을 가져야 한다. 우리는 내면에서 하나님을 만나고, 하나님과 교제하며, 자기 자신과 대면한다. 일찍이 정신적으로나 영적으로 영향을 끼쳤던 사람들의 공통점이 있다. 그것은 항상 내면세계에 관심을 가졌고 내면세계를 우선으로 관리할 줄 알았다는 것이다.

내면은 끊임없이 외부로 나타난다. 사람의 마음가짐에 따라 그 사람의 인생이 결정된다. 사람의 생각은 행동으로 꽃이 피고, 그 행동은 성품과 운명이라는 열매를 맺는다
/ 제임스 알렌

우리 뒤에 무엇이 있느냐, 우리 앞에 무엇이 있느냐는 우리 안에 무엇

이 있느냐에 비하면 아주 작은 문제다

/ 랄프 왈도 에머슨

우리는 내면을 관리하기 위해 매일 말씀을 먹어야 한다. 내면의 능력은 말씀을 통해서 주어지기 때문이다.

예수께서 대답하여 이르시되 기록되었으되 사람이 떡으로만 살 것이 아니요 하나님의 입으로부터 나오는 모든 말씀으로 살 것이라 하였느니라 하시니 마 4:4

갓난아기들같이 순전하고 신령한 젖을 사모하라 이는 그로 말미암아 너희로 구원에 이르도록 자라게 하려 함이라 벧전 2:2

오늘 우리에게 일용할 양식을 주시옵고 마 6:11

💬 앞의 질문을 조금 변형하여 다시 질문하고자 한다. 당신은 당신의 속사람을 아름답게 가꾸기 위해 매일 성경을 얼마나 읽고 암송하며 묵상하는가?

💡 **인도자 멘트**

하나님은 출애굽한 이스라엘 백성들에게 만나를 주셨습니다. 하나님이 주신 만나를 매일 받아 먹어야만 살 수 있었습니다. 이처럼 우리의 영혼도 매일 영적 양식을 필요로 합니다. 우리 내면을 말씀으로 채우는 것이 말씀 묵상입니다.

우리 내면을 관리하는 것은 마음의 정원을 가꾸는 것이다. 심히 부패한 것이 마음이지만, 동시에 생명의 근원이 마음에서 나온다.

> 모든 지킬 만한 것 중에 더욱 네 마음을 지키라 생명의 근원이 이에서 남이니라 잠 4:23

수확의 기쁨을 누리려면 물을 주어야 하고 가꾸어야 하며 때때로 잡초를 뽑아 주어야 한다.

> 정원사가 없는 곳에는 정원이 있을 수 없다. 우리가 정원사로서 적극적으로 개입할 때에는 아름다운 정원을 얻게 되지만, 정원사의 임무를 게을리하면 잡초를 얻게 될 뿐이다
> / 스티븐 코비

> 우리는 고개를 돌려 우리 자신의 내면을 보아야 하며, 영혼이라는 그릇을 들여다보아야 한다. 그것을 보고 거기에 귀를 기울여야 한다. 그 안으로 들어가 당신을 통해 꿈을 꾸고 있는 것에 귀를 기울일 때에만, 다시 말해 어둠 속에서 문을 두드리는 소리에 귀를 기울일 때에만, 우리는 우리가 갇혀 있는 시간 속의 순간이라는 굴레에서 벗어나 위대한 창조 행위가 이루어지고 있는 수준으로 다시 들어갈 수 있다
> / 로렌스 반 데어 포스트

깊은 내면의 세계를 가꾸는 사람은 깊이 있는 사람이 된다. 하나님은 깊이 있는 사람을 좋아하신다. 깊이 있는 사람이 되려면 시간이 걸린다. 마치 농부가 농사를 짓는 것과 같다. 자신의 내면세계를 가꾸어

나가는 사람은 농부의 마음을 가져야 한다. 깊이 있는 세계를 들여다보는 사람들은 자신도 모르는 사이에 깊은 샘물과 같은 사람이 된다.

당신은 지금 이 시간부터 내면세계를 어떻게 가꾸고자 하는가? 구체적인 실천방안을 적어 보라.

· 예배는 생명이다

시간과 장소를 초월하여
하나님께 예배하라

　　하나님이 원하시는 것은 우리가 더 나은 예배자가 되는 것이다. 일꾼에게 가장 중요한 것은 예배다. 예배를 통해서 하나님을 만나고, 말씀을 통해서 하나님의 음성을 들으며, 하나님의 인도를 받는다. 그리고 영혼이 힘을 얻고 봉사할 수 있는 능력을 공급받는다. 하나님을 만나서 경배함으로 변화를 경험하게 된다. 때문에 그리스도인에게 예배는 생명이다. 하나님은 예배하는 자를 찾으신다.

　　예배를 잘 드릴 때 진정으로 헌신할 수 있다. 예배 없이 일만 하면 짜증과 원망만 생긴다. 일에 열매가 없다. 그러나 예배를 잘 드리면, 일만 하는 사람들보다 훨씬 더 놀라운 헌신을 할 수 있다. 성경의 마르다와 마리아를 보라! 마르다는 예수님께 음식을 드리는 헌신을 했다. 그러나 예배를 잘 드렸던 마리아는 옥합을 깨뜨리는 헌신을 했다. 누가 더 축복을 받았는가? 예배 후에 헌신한 마리아다. 물론 마르다도 필요하다. 그러나 십자가 앞에서 고뇌하시는 예수님을 참으로 위로했던 사람은 마리아였다.

💬 당신은 마르다와 마리아의 모습 중에 누구와 더 가까운가? 그 이유는 무엇인가?

²¹예수께서 이르시되 여자여 내 말을 믿으라 이 산에서도 말고 예루살렘에서도 말고 너희가 아버지께 예배할 때가 이르리라 ²²너희는 알지 못하는 것을 예배하고 우리는 아는 것을 예배하노니 이는 구원이 유대인에게서 남이라 요 4:21-22

참된 예배는 성령 안에서, 진리를 따라 드려야 한다. 말씀을 묵상하면 진리로 예배하게 된다. 또한 장소를 초월해서 내면에 하나님의 거룩한 성소를 마련하고 수시로 예배할 수 있게 된다. 우리 몸은 성령님이 거하시는 성소다. 때문에 우리 내면의 중심에는 보좌가 있다. 하나님을 예배하는 지성소가 있다.

너희는 너희가 하나님의 성전인 것과 하나님의 성령이 너희 안에 계

💡 **인도자 멘트**

은혜의 보좌는 우리가 언제든지 나아갈 수 있도록 항상 열려 있습니다(히 4:16). 영성을 추구하는 사람들은 중심부로 들어가라는 말을 많이 씁니다. 우리 내면의 중심부에서 하나님을 만나 예배하는 것은 참 중요합니다. 그곳에서 어린양 예수님을 경배하고, 안식하는 것입니다.

💬 당신의 예배 모습은 어떠한가? 당신이 내면의 중심으로 가기 위해 어떤 노력이 필요하다고 생각하는가?

10이십사 장로들이 보좌에 앉으신 이 앞에 엎드려 세세토록 살아 계시는 이에게 경배하고 자기의 관을 보좌 앞에 드리며 이르되 11우리 주 하나님이여 영광과 존귀와 권능을 받으시는 것이 합당하오니 주께서 만물을 지으신지라 만물이 주의 뜻대로 있었고 또 지으심을 받았나이다 하더라 계 4:10-11

우리는 신앙의 중심을 잘 잡아야 한다. 삶의 중심이 우리 개인에서 하나님께로 옮겨져야 하고, 신앙의 중심이 십자가로, 예수님께로, 보좌 중심으로 옮겨져야 한다. 말씀 묵상의 목표는 묵상을 통해 우리 내면의 성소에 있는 보좌에 수시로 나아가서 예배하고 안식하며 인도를 받는 것이다. 하나님은 우리가 묵상하고 있는 말씀을 통해서 우리를 인도하신다.

주의 말씀은 내 발에 등이요 내 길에 빛이니이다 시 119:105

우리의 영혼을 관리하는 데 장애물이 있다. 때문에 우리가 마음의 정원을 가꾸기 위해서는 반드시 시간을 내야 한다. 어떤 장애물이 있는지 함께 살펴보자.

첫째, 분주함이 큰 장애물이다.
둘째, 중요한 일보다는 긴급한 일에 노예가 된다.
셋째, 인격보다는 인기에 관심을 갖는다.
넷째, 내면적인 것보다는 외면적인 것에 관심을 갖는다.
다섯째, 내적인 삶보다 공적인 삶에 관심을 갖는다.

당신의 영혼을 관리하는 데 가장 큰 장애물은 무엇인가? 그것을 어떻게 치우겠는가?

분주함에 중독되지 않게 하라. 마음의 고요함을 잃지 않도록 하라.

일이 많아도 능력이 있으면 문제가 되지 않는다. 중요한 것은 예배자가 되어 성령의 기름부으심을 받는 것이다. 하나님의 말씀을 묵상하는 가운데 내면의 충만을 계속해서 누리는 것이다. 예수님의 성품이 당신 안에서 열매 맺게 하라. 예수님의 향기가 나게 하라. 예수님의 마음을 품으라. 온유하고 겸손한 마음을 품으라. 바로 그것이 우리가 추구하는 변화와 성숙이다.

2주차를 마치며

💬 2주차 훈련을 마치면서 기억에 남는 것을 나누어 보라. 그리고 다음 모임 때까지 변화를 위한 다짐을 정리해 보라.

Tip
서로가 다짐한 핵심사항을 인도자는 잘 정리하여 요약 마무리하고, 외형에 주목하지 않고 내적 혁명에 주목하도록 다시금 전달하면서 기도로 훈련을 마치면 좋다.

///////

3주
말씀 묵상을 통한 생각의 변화

이번 주 주제

- 말씀 묵상이 생각을 변화시킨다는 것을 깨닫는다.

- 삶 전반에 영향을 미치는 자신의 생각의 현주소를 파악한다.

- 생각이 어떻게 우리의 행복을 결정하는지 배운다.

- 배움을 통해 지혜가 계속 자라게 한다.

- 말씀을 통해서 육의 생각과 영의 생각을 분별한다.

Ice Breaking

변화를 위한 한 주간의 노력 나누기
소요 시간: 10~15분

지난 한 주간 은혜의 중심부로 들어가기 위해 어떠한 노력을 했는지 함께

나눈다. 변화된 자신의 예배 모습과 그 가운데 성령님이 주신 특별한 은혜

를 나눔으로 눈과 머리로만 성장하는 것이 아닌 마음과 심령이 성장하는

시간이 될 것이다. 영적 성장은 진정한 내적 혁명이 있을 때 비로소 가능

하다.

· 생각의 중요성 깨닫기

당신은 생각이 곧 열쇠임을 아는가? 인생을 성공적으로 살아가는 사람들의 공통점은 그들의 생각이 보통 사람들과 다르다는 것이다. 성공하는 사람들은 보통 사람들과는 의식구조가 다르다. 사도 바울의 삶을 연구해 보면, 그는 생각이 깊고 풍부한 의식을 가진 사람이었음을 알 수 있다. 그래서 사건을 해석하는 의식이 달랐고, 모든 사건을 긍정적으로 보았다. 늘 감사가 넘쳤던 그는 모든 것을 교육과 성장의 기회로 보았다. 모든 것을 사명 성취의 기회로 본 것이다.

바울은 소유보다 더 풍성한 것이 있다는 의식이 있었다. 외적인 부요보다 더욱 중요한 것은 내적인 부요라는 사실을 알았던 것이다. 그는 이 세상에 돈으로 살 수 없는 것들이 많음을 알았다. 그래서 그는 돈으로 살 수 없는 소중한 진리들 안에서 만족할 수 있었다.

또한 바울은 종말 의식을 가지고 살았다. 때문에 만나는 모든 사람들을 사랑할 수 있었다. 관용을 베풀 줄 알았던 것이다.

가장 중요한 것은, 그에게는 사명 의식이 분명했다는 점이다. 복음을 위해, 오직 그리스도만을 위해 살았다. 그는 예수님을 닮은 사람이었다. 이 모든 것은 그의 생각에서부터 나온 행동이요, 삶이었다. 우리의 생각도 바울과 같아야 한다. 그래야 우리의 행동과 삶이 변화될 것이다.

💬 당신은 사도 바울에 대해 얼마나 알고 있는가? 성경에 나와 있는 그의 여정 또는 사건들을 통해 그의 생각이 당신과 어떻게 다른지, 그의 위대한 점이 무엇인지 살펴보라.

Tip
이제 시작이다. 인도자는 언제나 모든 문제를 정확하고 완벽하게 풀고자 한다. 하지만 이 문제는 도입 질문이므로 문제의 의도만 정확하게 짚고 넘어가면 좋다.

세상에서 가장 어려운 것은 사람들로 하여금 생각하게 하는 것과, 우선순위를 발견하고 그에 따라 살게 하는 것이다. 생각을 깊이 하는 사람들은 형통하게 되어 있다. 깊이 있는 생각을 통해서 깊은 깨달음을 얻은 사람은 자유인으로 살 수 있다. 에머슨은 "생각이 열쇠다"라고 말했다. 모든 것은 생각에서 나온다. 사랑을 생각하면 사랑이 나오고, 미움을 생각하면 미움이 나온다.

최근 당신이 하는 생각의 주요 키워드는 무엇인가? 생각나는 대로 적어보라.

성경은 "태초에 말씀이 계시니라"(요 1:1)고 말씀한다. 여기서 말씀은 예수님이시다. 그런데 말씀 이전에 생각이 있었다. 생각이 밖으로 나온 것이 말씀이기 때문이다. 하나님 아버지는 어떤 면에서 생각과 같은 분이시다. 때문에 '태초에 생각이 계시니라'고 표현해도 지나침이 없다고 본다. 하나님은 생각 속에 찾아오시고, 생각을 통해서 말씀하시며, 생각을 통해서 역사하신다. 생각은 모든 것의 근본을 이룬다. 우리가 받은 복음의 말씀도 눈에 보이지 않는 언어로 찾아와서 우리의 생각에 변화와 자극을 준다. 우리의 생각에 영향을 주는 것이 '말씀 묵상'이다.

¹복 있는 사람은 악인들의 꾀를 따르지 아니하며 죄인들의 길에 서지 아니하며 오만한 자들의 자리에 앉지 아니하고 ²오직 여호와의 율법을 즐거워하여 그의 율법을 주야로 묵상하는도다 ³그는 시냇가에 심은 나무가 철을 따라 열매를 맺으며 그 잎사귀가 마르지 아니함 같으

니 그가 하는 모든 일이 다 형통하리로다 시 1:1-3

우리 가운데서 역사하시는 능력대로 우리가 구하거나 생각하는 모든 것에 더 넘치도록 능히 하실 이에게 엡 3:20

말씀 묵상은 생각을 변화시켜 형통한 자가 되게 한다. 말씀 묵상의 중요성을 절실하게 깨달아야만 말씀 묵상을 지속할 수 있다. 신앙생활 초기에 경험하는 한순간의 황홀함으로는 오래 가지 못한다. 왜냐하면 영적인 세계는 쉽게 터득할 수 있는 것이 아니기 때문이다. 훈련도 받지 않고 비행기를 조종하려는 사람은 아무도 없다. 영적인 훈련도 마찬가지다. 영의 세계라는 깊은 세계를 운행하기 위해 훈련을 받아야 한다.

💬 현재 당신의 상황은 어떠한가? 영적 전쟁 전인가 아니면 후인가? 어느 상황이라도 좋다. 당신이 영적 상황을 알고, 그에 합당한 전략을 짜서 이 훈련에 임하면 더할 나위 없이 좋다.

💡 **인도자 멘트**

우리는 삶에서 영적 전쟁을 경험합니다. 그런데 훈련을 받는 대부분의 사람들은 이 영적 전쟁이 끝나고 처절함에 몸부림칠 때 훈련을 시작합니다. 실패를 맛보았기 때문에 다시는 실패하지 않으려고 훈련을 시작하는 것입니다. 하지만 얼마나 비극입니까? 진정한 훈련은 전쟁이 일어나기 전에, 전쟁을 대비하기 위해 받아야 합니다.

말씀 묵상의 맛을 경험하려면, 그 중요성을 깨닫고 일관성 있는 노력과 훈련이 필요하다. 선택과 결단이 필요한 것이다. 고기도 먹어본 사람이 잘 먹는다. 그 맛을 알기 때문이다. 음악을 즐기는 사람들은 그 맛을 알기까지 시간이 걸린다. 클래식 음악을 즐길 수 있으려면 그 음악이 우리 뇌에 자리 잡아야 한다. 그 후에 비로소 그 음악이 우리 가슴에 내려와서 즐기는 단계에 들어가는 것이다.

우리는 생각의 중요성을 깨달아야 한다. 좋은 생각이 주는 축복을 절실하게 깨달아야 한다. 그리고 그 생각에 가장 큰 영향을 끼치는 것이 말씀이고 묵상임을 알아야 한다. 생각 속에서 형통과 행복과 영적 전쟁의 승패가 결정된다.

• 생각은 우리의 미래를 결정한다

생각은 미래를 창조하는 재료다. 꿈은 생각에서 시작된다. 미래를 예측할 수 있는 가장 좋은 방법은 미래를 창조하는 것이다. 어떻게 미래를 창조할 수 있는가? 바로 꿈을 꾸면 된다. 생각을 통해서 미래를 꿈꾸는 것이다.

✎ 예레미야 6장 19절을 성경에서 찾아 적어 보라.

19 땅이여 들으라 내가 이 백성에게 재앙을 내리리니 이것이 그들의 생각의 결과라 그들이 내 말을 듣지 아니하며 내 율법을 거절하였음이 니라

✏️ 욥기 3장 25절을 성경에서 찾아 적어 보라.

> 25 내가 두려워하는 그것이 내게 임하고 내가 무서워하는 그것이 내 몸에 미쳤구나

그렇다면 생각이 변화되면 어떤 것이 변화될까? 생각은 다음 세 가지를 결정한다.

첫째, 생각은 우리의 언어를 결정한다.

우리의 생각이 미래를 결정하는 것처럼, 우리의 언어가 미래를 결정한다. 언어는 생각을 반영하기 때문이다.

> ³⁴독사의 자식들아 너희는 악하니 어떻게 선한 말을 할 수 있느냐 이는 마음에 가득한 것을 입으로 말함이라 ³⁵선한 사람은 그 쌓은 선에서 선한 것을 내고 악한 사람은 그 쌓은 악에서 악한 것을 내느니라
>
> 마 12:34-35

언어의 차원은 깊다. 하나님께 하는 언어, 나 자신과의 대화 속에 하는 언어, 이웃에게 하는 언어 등 우리의 모든 것을 반영한다. 언어를 보면 그 사람의 내일을 알 수 있다. 인간은 자신의 언어를 통해서 내일이라는 집을 짓고 있기 때문이다. 이스라엘 민족이 모세와 하나님을 원망했을 때, 하나님은 그들에게 무서운 말씀을 하셨다.

그들에게 이르기를 여호와의 말씀에 내 삶을 두고 맹세하노라 너희 말이 내 귀에 들린 대로 내가 너희에게 행하리니 민 14:28

우리의 언어는 삶 전반에 영향을 끼친다. 나의 언어가 곧 인생인 것이다.

[20]사람은 입에서 나오는 열매로 말미암아 배부르게 되나니 곧 그의 입술에서 나는 것으로 말미암아 만족하게 되느니라 [21]죽고 사는 것이 혀의 힘에 달렸나니 혀를 쓰기 좋아하는 자는 혀의 열매를 먹으리라 잠 18:20-21

이렇게 중요한 언어에 영향을 끼치는 것이 생각이다. 곧 말씀 묵상이다.

당신의 언어생활에 대해 말해 보라. 문제점은 무엇이며, 어떻게 개선해 나갈 수 있을지 방안을 스스로 찾아 제시해 보라.

Tip
나의 언어생활을 솔직하게 적고 이야기할 수 있도록 하자. 가정에서, 직장에서, 교회에서의 언어생활이 모두 다를 것이다. 개개인이 자기 언어생활의 현주소를 파악하는 게 중요하다. 구체적으로 나눌 수 있도록 인도자가 먼저 솔직하게 고백하라.

둘째, 생각은 우리의 행동을 결정한다.

생각이 모든 것을 다 해결해 주지 않는다. 그럼에도 생각이 중요한 것은, 우리의 행동을 유발시키기 때문이다. 행동은 생각의 결과요, 모든 형통의 열매다.

> 이 율법책을 네 입에서 떠나지 말게 하며 주야로 그것을 묵상하여 그 안에 기록된 대로 다 지켜 행하라 그리하면 네 길이 평탄하게 될 것이며 네가 형통하리라 수 1:8

가룟 유다의 비극은 생각에서 시작되었다. 그리고 그 생각은 결국 예수님을 팔게 했다.

> 마귀가 벌써 시몬의 아들 가룟 유다의 마음에 예수를 팔려는 생각을 넣었더라 요 13:2

12년 동안 혈루증을 앓았던 여인이 예수님을 만나 낫게 된 것도 손만 대도 구원을 받을 수 있다는 생각에서 출발했다. 생각이 행동에 이르기 위해서는 깊은 묵상이 필요하다. 깊은 묵상은 우리가 가진 생각들에 힘을 부여해서 우리로 하여금 행동에 옮기도록 해준다.

> 27예수의 소문을 듣고 무리 가운데 끼어 뒤로 와서 그의 옷에 손을 대니 28이는 내가 그의 옷에만 손을 대어도 구원을 받으리라 생각 (because she thought)함일러라 막 5:27-28

💬 생각은 행동을 결정한다. 훈련이 이제 중반에 도달했다. 당신의 생각은 처음과 현재 어떻게 변화되었는가? 당신의 생각에 따라 달라진 행동을 관찰하고, 남은 훈련 일정을 어떻게 감당할지 다시 다짐해 보라.

셋째, 생각은 우리의 인격을 결정한다.

우리의 소유나 위치가 우리가 누구인가를 결정하는 것은 아니다. 우리가 무엇을 생각하느냐에 달려 있다. 우리의 목표는 더 나은 사람이 되는 것이다. 인간의 참된 만족은 성취를 통해서만 얻을 수 있는 것이 아니다. 자신의 인격이 주님을 닮아 갈 때 참된 만족을 얻는다. 자신이 스스로 한 약속을 지킬 수 있을 때 더욱 큰 기쁨을 누리게 된다. 우리는 무엇을 성취했느냐보다 우리가 누구냐에 더 큰 관심을 두어야 한다. 우리가 누구냐가 곧 우리가 무엇을 할 수 있느냐를 결정하기 때문이다.

대저 그 마음의 생각이 어떠하면 그 위인도 그러한즉 잠 23:7a

생각이 변화되면 언어가 바뀌고, 언어가 변화되면 행동이 바뀝니다. 또한 행동이 변화되면 습관이 바뀌고, 습관이 변화되면 인격이 바뀌며, 인격이 변화되면 운명이 바뀝니다. 즉, 생각은 우리의 미래를 결정합니다.

🗨 당신은 생각이 미래를 결정한다는 말에 동의하는가? 동의가 된다면, 그 이유는 무엇인가? 당신의 미래를 위해 지금 당신이 변화되어야 할 가장 큰 주제는 무엇인가? 언어-행동-습관-인격 중 무엇인지 적고, 변화되기 위해 어떠한 노력을 할지 말해 보라.

· 행복은 우리의 생각에 달렸다

우리의 행복을 결정하는 것은 무엇일까?

첫째, 행복은 환경이나 조건이 아니라 생각에서 시작된다.

행복은 외적 조건이 아니다. 에덴 동산에서도 인간은 타락했다. '세계 빈민국 방글라데시 사람들이 가장 행복한 사람들 중에 속한다' 라는 글을 읽은 적이 있다. 다시 말해, 행복은 조건이나 상황에 따라 주어지는 것이 아닌 우리 마음에 있는 것이다.

 누가복음 17장 21절을 성경에서 찾아 적어 보라.

21 또 여기 있다 저기 있다고도 못하리니 하나님의 나라는 너희 안에

있느니라

💡 인도자 멘트

생각은 우리의 행복을 결정합니다. 여러분은 이에 동의하십니까? 훈련이라고 해서 무조건 믿고 따르라고 외치지 않겠습니다. 한 단계씩 지날 때마다 여러분은 스스로 정답을 찾아가게 될 것입니다. 그러니 조급하게 생각하지 마십시오. 그렇다면, 생각이 어떻게 우리의 행복을 결정하는지를 알아보겠습니다.

인간은 자신이 마음먹는 정도에 따라 행복해진다

/ 에이브러햄 링컨

행복한 사람은 어떤 특정한 환경 속에 있는 사람이 아니라 오히려 어떤 특정한 마음 자세를 갖고 살아가는 사람이다

/ 휴 다운즈

우리가 허락하지 않는 한, 어느 누구도 우리를 불행하게 만들 수 없다. 우리가 스스로 행복하다고 생각하는 한, 어느 누구도 행복을 빼앗아 갈 수 없다. 우리에게는 행복을 선택할 자유가 있고, 행복의 조건을 선택할 자유가 있기 때문이다. 모든 것은 생각에서 나온다.

둘째, 사건보다 해석이 더 중요하다.

그리스도인은 믿음을 가지고 있다. 더불어 지혜를 가지고 있다. 여기서 믿음과 지혜는 '눈'이다. 사건을 보는 '눈'이요, 사건을 해석하는 '눈'인 것이다. 사건보다 더욱 중요한 것은 사건에 대한 해석이다. 사건에 어떤 반응을 보이느냐가 사건 자체보다 더욱 중요하다. 다시 말해, 말씀을 통해서 배우는 것에는 항상 긍정적인 반응을 보이라는 것이다. 형통하는 사람들은 사건을 하나님의 안목에서 해석한다는 특징이 있다.

✏️ 야고보서 1장 2절을 성경에서 찾아 적어 보라.

2 내 형제들아 너희가 여러 가지 시험을 당하거든 온전히 기쁘게 여기라

✏️ 로마서 8장 28절을 성경에서 찾아 적어 보라.

28 우리가 알거니와 하나님을 사랑하는 자 곧 그의 뜻대로 부르심을
입은 자들에게는 모든 것이 합력하여 선을 이루느니라

바울은 사건에 대한 해석이 탁월했다. 모든 어려움을 성숙의 기회
로 삼았고, 다른 사람을 위로하기 위한 하나님의 손길로 해석했다. 그
가 죽을 고비를 넘기는 환난 중에 깨달은 것은, 그 환난을 통해 다른
사람을 위로하는 것이었다. 바울은 고난을 통해서 사명을 발견했다.

✏️ 고린도후서 1장 4절을 성경에서 찾아 적어 보라.

4 우리의 모든 환난 중에서 우리를 위로하사 우리로 하여금 하나님께
받는 위로로써 모든 환난 중에 있는 자들을 능히 위로하게 하시는 이
시로다

요셉도 마찬가지였다. 그는 모든 사건을 하나님의 안목에서 해석
했다. 그의 형제들이 그를 죽이려 하고 노예로 팔았던 사건을 하나님
의 섭리 차원에서 해석했다. 그래서 오히려 감사할 수 있었다.

✏️ 창세기 50장 20절을 성경에서 찾아 적어 보라.

20 당신들은 나를 해하려 하였으나 하나님은 그것을 선으로 바꾸사 오늘과 같이 많은 백성의 생명을 구원하게 하시려 하셨나니

셋째, 생각은 변화될 수 있다.

우리의 생각은 변화할 수 있는가. 물론 쉽지 않다. 생각을 깊이 하면 할수록 오히려 혼돈스럽고 괴로울 때가 있다. 그러나 그 어려움을 넘어야 한다. 생각은 분명히 변화될 수 있다. 생각을 변화시킨 많은 하나님의 사람들을 만나 보자. 사도 바울은 생각을 변화시켰던 사람이다. 인생은 선택에서 이루어진다. 바울은 자신이 무엇을 생각할 것인가를 선택했다.

너희는 이 세대를 본받지 말고 오직 마음을 새롭게 함으로 변화를 받아 하나님의 선하시고 기뻐하시고 온전하신 뜻이 무엇인지 분별하도록 하라 롬 12:2

끝으로 형제들아 무엇에든지 참되며 무엇에든지 경건하며 무엇에든지 옳으며 무엇에든지 정결하며 무엇에든지 사랑 받을 만하며 무엇에든지 칭찬 받을 만하며 무슨 덕이 있든지 무슨 기림이 있든지 이것들을 생각하라 빌 4:8

바울이 생각을 변화시킬 수 있었던 것은 생각하는 원리를 터득했

기 때문이다. 생각의 원리와 생각을 변화시키는 영적인 기술은 실천할 때 비로소 가능하다.

✎ 빌립보서 4장 11-12절을 성경에서 찾아 적어 보라.

11 내가 궁핍하므로 말하는 것이 아니니라 어떠한 형편에든지 나는 자족하기를 배웠노니
12 나는 비천에 처할 줄도 알고 풍부에 처할 줄도 알아 모든 일 곧 배부름과 배고픔과 풍부와 궁핍에도 처할 줄 아는 일체의 비결을 배웠노라

넷째, 생각에 따라 우리의 자아상이 변화된다.

건전한 자아상을 갖는 것은 우리에게 중요하다. 우리 자신은 거울과 같다. 우리 자신에게서 모든 것이 나온다. 자신을 어떻게 생각하느냐가 다른 사람을 어떻게 보느냐에 큰 영향을 미친다. 열등의식은 무서운 괴물이다. 이것을 정복해야 한다. 열두 명의 정탐꾼 가운데 열명의 정탐꾼은 열등의식에 사로 잡혀 있었다.

거기서 네피림 후손인 아낙 자손의 거인들을 보았나니 우리는 스스로 보기에도 메뚜기 같으니 그들이 보기에도 그와 같았을 것이니라
민 13:33

열등의식이 그들의 진로를 막고, 낭패하게 만들었다. 그러나 여호수아와 갈렙은 달랐다. 그들은 하나님만 바라보았다. 하나님 안에서

그들은 오히려 자신들이 거인이라고 생각한 것이다.

🖊 민수기 14장 9절을 성경에서 찾아 적어 보라.

9 다만 여호와를 거역하지는 말라 또 그 땅 백성을 두려워하지 말라 그
들은 우리의 먹이라 그들의 보호자는 그들에게서 떠났고 여호와는 우
리와 함께 하시느니라 그들을 두려워하지 말라 하나

우리 시대의 가장 위대한 발견은 인간이 자신의 마음 자세를 바꿈으
로써 삶을 바꿀 수 있다는 사실을 발견한 것이다
/ 윌리엄 제임스

우리 자신을 어떻게 보느냐도 결국은 생각에서부터 온다. 인생 승
리의 비결은 소속감, 자부심, 자신감이다. 이것은 우리의 건전한 자아
상과 관련된다. 말씀을 통해서 우리는 자신이 하나님의 자녀로서 하
나님께 속해 있다는 소속감을 가져야 한다. 하나님의 자녀라는 가치
를 가질 때 자부심이 생긴다. 또한 성령님이 내 안에서 모든 능력을
공급해 주신다는 자신감을 가지라. 주님 안에서의 자신감은 인생 승
리의 비결이다.

💬 당신의 열등의식을 적어 보라. 그리고 어떻게 극복하여 승리할지 구체적
  으로 말해 보라.

Tip
사람에겐 나름대로의 열등의식이 있
다. 그 열등의식을 오픈하고 자유로워
질 필요가 있다. 그리고 오픈 후가 중
요하다. 인도자는 열등의식을 끌어내
고 그것을 해결할 수 있는 성경적인
방안을 반드시 제시해야 한다.

열등의식을 극복하고 창조의식과 동행의식, 그리고 긍정의식을 가
지라. 그때 비로소 우리는 승리할 수 있다. 말씀을 묵상하면 바로 이
런 의식의 변화가 찾아온다. 모세, 기드온, 예레미야 등이 열등의식을
하나님의 말씀으로 정복하여 크게 쓰임 받았다. 여러분은 어떻게 할
것인가?

· **지혜는 계속 자라야 한다**

생각은

영적 성장의 기초다

성장은 변화를 통해서 온다. 변화는 생각을 통해서 주어진다. 진정한 변화는 내면에서 시작되어야 한다. 내면의 변화가 시작되면 행동은 자연스럽게 변화된다. 때문에 성장의 기초는 지식과 생각에 있다.

새로운 정보가 들어와야 변화가 시작된다. 새로운 정보가 들어올 때 우리는 변화에 대한 열망이 생긴다. 그래서 우리는 생각에 영향을 끼칠 수 있는 배움(학습)을 게을리해서는 안 된다. 배움(학습)은 성장에 있어서 필수적이다.

내가 어렸을 때에는 말하는 것이 어린아이와 같고 깨닫는 것이 어린아이와 같고 생각하는 것이 어린아이와 같다가 장성한 사람이 되어서는 어린아이의 일을 버렸노라 고전 13:11

¹³우리가 다 하나님의 아들을 믿는 것과 아는 일에 하나가 되어 온전한 사람을 이루어 그리스도의 장성한 분량이 충만한 데까지 이르리니 ¹⁴이는 우리가 이제부터 어린아이가 되지 아니하여 사람의 속임수와 간사한 유혹에 빠져 온갖 교훈의 풍조에 밀려 요동하지 않게 하려 함이라 엡 4:13-14

생각 속에
지혜가 들어 있다

¹⁰너희가 은을 받지 말고 나의 훈계를 받으며 정금보다 지식을 얻으라 ¹¹대저 지혜는 진주보다 나으므로 원하는 모든 것을 이에 비교할 수 없음이니라 잠 8:10-11

그렇다면 지혜란 무엇인가?

첫째, 지혜는 분별력이다.

우선 언어를 분별해야 한다. 무엇을 말하고, 어떻게 말하며, 언제 말할 것인가를 분별해야 한다.

🖊 잠언 27장 14절을 성경에서 찾아 적어 보라.

14 이른 아침에 큰 소리로 자기 이웃을 축복하면 도리어 저주같이 여기게 되리라

쓸데없이 다른 사람의 일에 참견하지 말라. 다른 사람의 노를 격동하지 말라.

✏️ 잠언 30장 33절을 성경에서 찾아 적어 보라.

33 대저 젖을 저으면 엉긴 젖이 되고 코를 비틀면 피가 나는 것같이 노를 격동하면 다툼이 남이니라

_____

_____

당신은 다음과 같은 우스갯소리를 들어본 적이 있는가?

치아를 아주 온전하게 보존하는 세 가지 방법은?
첫째, 식후 반드시 이를 닦을 것
둘째, 일 년에 한두 번씩 스케일링을 할 것
셋째, 쓸데없이 남의 일에 참견하지 말 것

때를 분별하라. 언제 움직여야 하는가를 분별하라. 다윗은 하나님보다 앞서지 않았다. 그리고 선악을 분별하라. 영의 세계를 분별하라. 성숙을 재는 자가 있다면 바로 '분별력'이다. 자기 위치를 분별하라.

둘째, 지혜는 문제 중심이 아닌 해결책 중심으로 생각하는 것이다.

문제는 피할 수 없다. 문제가 없는 곳은 공동묘지뿐이다. 꿈이 크면 문제도 크다. 때문에 문제는 문제 자체가 아니라 문제를 보는 시각이다. 문제 중심이 아닌 해결책 중심으로 생각하라. 모든 문제에는 해

결의 씨앗이 들어 있다.

셋째, 지혜는 하나님의 안목으로 사건을 보는 것이다.

지혜는 하나님과 고공비행을 하면서 문제를 바라보는 것이다. 인생의 마지막을 보면서 사건을 바라보고 해석하라. 사실 인생 전체를 보면 오늘의 문제는 지극히 하찮을 수도 있다. 또한 하나님의 안목에서 문제를 보면 하나님의 섭리를 보게 된다. 우연이란 없으며, 모든 것은 배움의 기회다. 우리를 성숙시키기 위한 하나님의 섭리다.

넷째, 지혜는 위기를 기회로 변화시킨다.

위기(危機)라는 말을 한문으로 보면, '위험'(危)과 '기회'(機)라는 두 말로 되어 있다. 어떻게 보느냐에 따라 위험이 될 수도 있고, 기회가 될 수도 있다. 하나님은 인생의 위기를 통해서 우리 안에 있는 가능성을 발견하게 하신다. 새로운 재능과 새로운 삶으로 초대하는 하나님의 손길을 경험하게 된다.

💬 당신에게 위기가 기회가 되었던 경험이 있는가? 솔직하게 나눠 보라.

☀ **인도자 멘트** ──────

'새옹지마'(塞翁之馬)라는 말을 들어보았을 것입니다. 말을 잃어버려서 야생마를 데려왔는데, 아들이 그 말을 타다가 떨어져 다리가 부러졌습니다. 그런데 그 덕에 아들은 전쟁에 나가지 않았고, 결국 생명을 보전하게 되었습니다.
어떤 사건이든 결론 내리기를 보류하십시오. 하나님의 손에 올려드리면 너무나 아름답게 인생을 만들어 주십니다. 모자이크가 바로 그런 것입니다.

Tip
인도자는 훈련생들 개인의 영웅담으로 이야기가 길어지지 않게 시간제한을 두며 나누는 것이 좋다. 중요한 것은 위기가 기회가 된 경험이기 때문이다.

다섯째, 지혜는 계속해서 성장한다.

예수님의 생애를 보면 지혜가 계속 성장하는 것을 알 수 있다.

예수는 지혜와 키가 자라가며 하나님과 사람에게 더욱 사랑스러워 가
시더라 눅 2:52

형제들아 지혜에는 아이가 되지 말고 악에는 어린아이가 되라 지혜에
는 장성한 사람이 되라 고전 14:20

그렇다면 지혜는 어떻게 얻는가? 지혜 얻는 방법을 살펴보자.

① 지혜는 말씀 묵상을 통해서 얻을 수 있다.

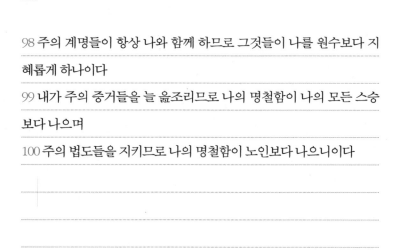 시편 119편 98-100절을 성경에서 찾아 적어 보라.

98 주의 계명들이 항상 나와 함께 하므로 그것들이 나를 원수보다 지
혜롭게 하나이다
99 내가 주의 증거들을 늘 읊조리므로 나의 명철함이 나의 모든 스승
보다 나으며
100 주의 법도들을 지키므로 나의 명철함이 노인보다 나으니이다

② 지혜는 성령충만을 통해서 얻을 수 있다.

✎ 이사야 11장 2절을 성경에서 찾아 적어 보라.

2 그의 위에 여호와의 영 곧 지혜와 총명의 영이요 모략과 재능의 영이요 지식과 여호와를 경외하는 영이 강림하시리니

✎ 신명기 34장 9절을 성경에서 찾아 적어 보라.

9 모세가 눈의 아들 여호수아에게 안수하였으므로 그에게 지혜의 영이 충만하니 이스라엘 자손이 여호와께서 모세에게 명령하신 대로 여호수아의 말을 순종하였더라

③ 지혜는 기도를 통해서 얻을 수 있다.

✎ 야고보서 1장 5절을 성경에서 찾아 적어 보라.

5 너희 중에 누구든지 지혜가 부족하거든 모든 사람에게 후히 주시고 꾸짖지 아니하시는 하나님께 구하라 그리하면 주시리라

④ 지혜는 지혜자를 통해서 얻을 수 있다.

💡 **인도자 멘트**

지혜를 얻는 뿌리에 말씀 묵상이
담겨 있습니다.

✏️ 잠언 13장 20절을 성경에서 찾아 적어 보라.

20 지혜로운 자와 동행하면 지혜를 얻고 미련한 자와 사귀면 해를 받느니라

· 육의 생각과 영의 생각 분별하기

말씀 묵상을 통해서
생각을 변화시킬 수 있다

첫째, 말씀을 통해서 생각을 분별하라.

자신의 생각을 분별해 보는 시간을 가져라. 자신을 탐구하는 학생이 되어, 자신의 생각을 점검하는 시간을 가져 보라. 먼저, 하나님의 말씀을 잘 분별해야 한다. 이때 말씀을 어느 정도 알아야 한다. 진리를 알아야 비진리를 알 수 있기 때문이다.

> 너는 진리의 말씀을 옳게 분별하며 부끄러울 것이 없는 일꾼으로 인
> 정된 자로 자신을 하나님 앞에 드리기를 힘쓰라 딤후 2:15

사람의 변화는 자신의 문제를 발견하고 문제를 인정하지 않는 한 일어나지 않는다. 우리는 생각을 점검하여, 잘못되거나 부정적인 생각을 발견해야 한다. 그리고 하나님의 말씀에 비추어 보아야 한다.

⁵육신을 따르는 자는 육신의 일을, 영을 따르는 자는 영의 일을 생각하나니 ⁶육신의 생각은 사망이요 영의 생각은 생명과 평안이니라 ⁷육신의 생각은 하나님과 원수가 되나니 이는 하나님의 법에 굴복하지 아니할 뿐 아니라 할 수도 없음이라 롬 8:5-7

육의 생각과 영의 생각을 분별하라. 비판하지 말라고 해서 분별하지 말라는 것이 아니다. 분별력은 대단히 중요하다. 창조도 분리를 통해서 시작되었다. 빛과 어두움을 나누고, 하늘과 땅을 나누며, 땅과 바다를 나누는 과정을 통해서 창조가 완성되었다. 비판은 태도의 문제고, 분별은 지혜에 속하는 영역이다. 비판은 유익이 없으나, 분별과 함께 올바른 태도를 가질 때 모든 사람을 유익하게 한다.

💬 당신 안에 있는 잘못된 생각과 사고는 무엇인가? 자신의 생각을 인식하는 것은 매우 중요하다.

둘째, 말씀을 통해서 모든 생각을 필터링하여 그리스도에게 잡아 오라.

탁월한 사람들은 생각을 필터링할 줄 안다. 많은 생각을 할 수 있다. 그러나 그 생각이 둥지를 틀지 못하게 하라. 새가 머리 위에 왔다 갔다 하는 것을 막을 수는 없지만, 그 새가 우리 머리에 둥지를 트는 것은 막을 수 있다.

> [4]모든 이론을 무너뜨리며 [5]하나님 아는 것을 대적하여 높아진 것을 다 무너뜨리고 모든 생각을 사로잡아 그리스도에게 복종하게 하니 고후 10:4b-5

우리의 생각을 예수님께 잡아오는 이유는, 혼자 힘으로 사고의 습관을 바꿀 수 없기 때문이다. 우리 행동의 변화는 일시적인 압력으로 변화될 수 있다. 매를 때리거나 벌을 주거나 또는 상을 주면 우리의 행동은 일시적으로 변화된다. 그러나 그것은 영구적인 변화가 되지 못한다. 마치 고무줄처럼 다시 제자리로 돌아간다.

> 개가 그 토한 것을 도로 먹는 것같이 미련한 자는 그 미련한 것을 거듭 행하느니라 잠 26:11

진정한 변화는 내면의 변화다. 이는 하나님께 속한 영역이기에, 하나님이 도와주셔야 가능하다. 성령님이 우리 가운데 오시지 않으면 안 된다. 하나님을 만나면 변화된다. 변화는 은혜의 역사다.

🖊 고린도전서 3장 5-6절을 성경에서 찾아 적어 보라.

> 5 그런즉 아볼로는 무엇이며 바울은 무엇이냐 그들은 주께서 각각 주신 대로 너희로 하여금 믿게 한 사역자들이니라

💡 **인도자 멘트**

우리는 늘 겸손해야 합니다. 우리 자신의 한계를 깨달아야 합니다. 한계를 깨닫고 하나님의 도우심을 구하는 여러분이 되길 간절히 바랍니다.

6 나는 심었고 아볼로는 물을 주었으되 오직 하나님께서 자라나게 하
셨나니

_____

_____

_____

셋째, 깊은 생각을 위해서 부지런히 지각을 사용하라.

　아담과 하와의 실패는 생각의 게으름에 있었다. 하와는 하나님의
말씀과 사탄의 목소리를 분별하는 깊은 생각을 하지 않아 인류의 운
명을 비참하게 만들었다. 스캇 펙은 원죄를 불순종과 교만으로 보기
전에 생각의 게으름으로 본다.

　　　그런데 뱀은 여호와 하나님이 지으신 들짐승 중에 가장 간교하니라
　　　뱀이 여자에게 물어 이르되 하나님이 참으로 너희에게 동산 모든 나
　　　무의 열매를 먹지 말라 하시더냐 창 3:1

　지각을 잘 사용하는 훈련은 중요하다. 지각을 사용하는 것도 훈련
이다. 운동선수가 근육을 사용하고 훈련함으로 자유자재로 시합에
임하는 것처럼, 잘 훈련된 생각은 자유함을 누릴 수 있게 하고 대단한
유익을 얻게 한다.

　✎ 히브리서 5장 13-14절을 성경에서 찾아 적어 보라.

　13 이는 젖을 먹는 자마다 어린아이니 의의 말씀을 경험하지 못한
자요
　14 단단한 음식은 장성한 자의 것이니 그들은 지각을 사용함으로 연단

을 받아 선악을 분별하는 자들이니라

넷째, 말씀 묵상을 통해서 생각을 변화시키라.

우리는 생각을 분별해야 한다. 나쁜 생각이 들어오지 못하도록 마음의 둑을 쌓고, 마음의 성을 매순간 지켜야 한다.

🖉 잠언 25장 28절을 성경에서 찾아 적어 보라.

28 자기의 마음을 제어하지 아니하는 자는 성읍이 무너지고 성벽이 없는 것과 같으니라

더 중요한 것은, 좋은 생각을 선택하는 것이다. 하나의 생각에서 떠날 수 있는 탁월한 방법은 더 나은 생각을 하는 것이다. 이 선택은 내가 해야 한다. 기도만 한다고 문제가 해결되지 않는다. 말씀을 붙잡고 그 말씀을 적용해야 하는 것이다. 하나님과 내가 협력할 때 영적 성숙이 이뤄진다. 하나님과 나의 시너지의 결과로 생각이 변화되는 것이다.

🖉 로마서 12장 2절을 성경에서 찾아 적어 보라.

2 너희는 이 세대를 본받지 말고 오직 마음을 새롭게 함으로 변화를 받아 하나님의 선하시고 기뻐하시고 온전하신 뜻이 무엇인지 분별하도

록 하라

_____

_____

하나님께 모든 책임을 돌려서는 안 된다. 하나님께 기도하고, 성령님의 도우심을 구하라. 동시에 내 생각에 영향을 끼칠 수 있는 것들을 주의하자. 우리는 읽고, 보고, 듣고, 함께 교제하는 사람들의 영향을 받게 되어 있다. 그래서 무엇을 읽을지 잘 선택해야 한다. 말씀을 읽고 암송하며, 그 말씀 가운데 머무르는 묵상은 대단히 중요하다. 말씀에 머무르게 되면, 그 말씀이 우리의 생각 전체를 사로잡게 된다.

우리의 감정을 변화시키는 것은 생각이다. 감정은 생각의 영향을 받는다. 감정이 의지적인 결단을 하게 만든다. 기분이 좋고 신바람이 나야 결정한다. 이 감정에 영향을 주는 것이 생각이다. 모든 감정은 인간이 경험하는 것이다. 그 감정을 잘 품으라. 때로는 그 감정에 부정적인 것들이 있다. 그것을 변화시키는 길은 두 가지다. 생각을 변화시키든지, 행동을 변화시키는 것이다.

생각과 행동이 감정에 영향을 준다. 좋은 생각을 하면 순식간에 감정이 변화된다. 좋아하는 사람을 만나도 감정이 달라진다. 보고 또 봐도 계속 보게 된다. 하루 종일 기분이 좋은 사람이 있다. 먹는 것을 좋아하는 사람은 먹는 것만 생각해도 기분이 좋아진다. 또한 감정은 우리의 신체적인 것과도 관련이 있다. 그래서 좋은 음식을 먹고, 적절한 휴식과 운동을 통해서 감정에 변화를 줄 수 있다.

생각을 선택하고 행동에 변화를 주는 일은 이성이 한다. 지각을 사용하는 이성 또한 분별이다. 의지적인 선택으로 그것에 반응을 보이는 것이기 때문이다. 우리는 이 두 가지에 조화를 이루어야 한다. 다음 주에 이 주제를 더욱 깊이 있게 다루게 된다. 하나님이 우리 마음에 변화의 바람을 불어주시길 기도하라. 그리고 하나님이 바람을 불어주실 때 그 바람에 반응하라. 바람개비를 내밀고 붙잡아 함께 뛰라.

☀️ **인도자 멘트**

혼자의 힘으로 변화를 추구하는 사람은 자동차를 기름 없이 끌고 가려는 사람과 같습니다. 노력하지 않으면서 변화를 추구하는 사람은 기름이 있는 차에 앉아서 엔진은 켜지 않고 차가 앞으로 가기를 기대하는 사람과 같습니다. 차를 운전하려면 운전 기술이 필요합니다. 다시 말해, 우리는 조화를 이루어야 합니다. 하나님이 하실 일이 있고, 인간이 해야 할 일이 있습니다. 생각을 분별하고 생각에 영향을 주는 것들을 주의 깊게 선택하는 것은 우리 스스로가 해야 할 일입니다. 말씀으로 생각을 적시는 일도 우리 스스로가 해야 할 일임을 기억하기 바랍니다.

말씀 묵상의
거룩한 습관을 형성하라

형통은 생각에서 온다. 생각은 파장을 일으킨다. 풍요 의식이 중요하다. 모든 것은 생각에서 출발한다. 생각을 분별하고 선택하며 긍정적인 생각을 따라 행동에 옮길 때, 비로소 형통이 찾아온다. 긍정적인 말씀을 묵상하라. 그리고 예수님을 생각하라. 그 생각이 어두운 생각들을 추방하고 밀어내고 말 것이다. 빛이 들어오면 어두움은 떠나게 되어 있다.

기억하라! 생각이 변화되면 언어가 바뀌고, 언어가 변화되면 행동이 바뀐다. 행동이 변화되면 습관이 바뀌고, 습관이 변화되면 인격이 바뀌며, 인격이 변화되면 운명이 바뀐다. 긍정적인 생각, 긍정적인 믿음, 긍정적인 해석 그리고 긍정적인 적용이 핵심이다.

3주차를 마치며

Tip

한 주간 과제다. 구체적으로 누구에게 무엇을 어떻게 적용하며 삶의 변화를 이끌지 계획을 세우도록 지도하라.

💬 한 주간 당신의 삶에 변화가 일어나기를 간구해 보라. 당신의 '생각-언어-행동-습관-인격'에 긍정의 힘을 불어넣어 보자. 어떻게 살고, 어떻게 행동할지 계획하고 실천해 보자.

//////

4주
깊은 영성을 위한 영적 훈련

이번 주 주제

- 고통을 먼저 선택하고 즐거움을 나중에 누리는 연습을 한다.

- 모세가 애굽에서 받은 세 가지 훈련을 배운다.

- 광야 학교에서 하나님의 때를 분별하며 기다리는 훈련을 한다.

- 홀로 있음, 하나님의 음성 듣기, 기도와 말씀 읽기, 자아를 깨뜨리는
  훈련을 한다.

- 자기를 부인하고, 작은 일에 충성하며, 이웃을 섬기고, 함께 일하는
  훈련을 한다.

Ice Breaking

지난 한 주간의 긍정적인 변화 나누기
소요 시간: 10~15분

지난 한 주간 훈련생들의 삶에 어떠한 긍정적인 변화가 있었는지 함께 나

눈다. 변화된 개개인의 생각과 언어와 행동과 습관 그리고 인격은 무엇인

지, 또 잘 변화되지 않는 부분들도 함께 나눈다. 더불어 말씀 묵상을 지속

해야 하는 이유와 성령님의 동행하심이 있어야 함을 강조한다. 하나님이

하시는 일과 내가 노력해야 하는 부분을 다시금 정리하면서 오늘의 훈련

을 시작하면 좋다.

· 훈련을 통해 탁월함 얻기

훈련은 기쁨이다. 당신은 이에 동의하는가? 스캇 펙은 "훈련이란 고통을 먼저 선택하고 즐거움을 나중에 누리는 것이다"라고 정의한다. 더불어 성경은 "망령되고 허탄한 신화를 버리고 경건에 이르도록 네 자신을 연단하라 육체의 연단은 약간의 유익이 있으나 경건은 범사에 유익하니 금생과 내생에 약속이 있느니라"(딤전 4:7-8)고 말씀한다.

배움이 있기에 인간은 위대하다. 배움이 없고 훈련만 있다면 인간은 동물과 다르지 않을 것이다. 동물은 훈련을 통해서 어떤 습관을 만들어 내고, 때론 흉내를 내기도 한다. 그러나 그들 스스로의 깨달음은 없다. 배움은 인간에게만 주어지는 특권이다. 더불어 배움과 함께 필요한 것이 훈련이다.

Tip
이제 훈련이 중반을 돌아섰다. 훈련할 때는 늘 훈련을 받고 있는 목표를 점검해야 한다. 4주차가 되면서 처음 시작할 때의 목표를 잘 기억하며, 목표를 향해 바르게 달려가고 있는지 점검하는 문항이 되도록 하면 좋다.

💬 당신은 '훈련은 기쁨이다'라는 말에 동의하는가? 당신에게 오늘 이 훈련은 기쁨인가? 너무 깊게 생각하지 마라. 이 주간의 훈련이 끝나갈 때 다시 질문할 것이다.

예수님의 제자는 배우는 자인 동시에 훈련을 스스로 감수하는 자다. 배움과 훈련은 같이 있어야 한다. 왜냐하면 배움은 자신을 발견하는 것이기 때문이다. 예수님 안에서 자신의 정체성을 깨닫고, 자신을 계발하는 것이다.

많은 사람들이 노력은 하지만 훈련은 하지 않는다. 훈련은 사람을 대가(大家)로 만든다. 반복적인 연습은 탁월함을 드러내는 방편이다. 그러나 훈련에는 반드시 목표가 있어야 한다. 훈련은 어떤 경지에 이르기 위해서 하는 것이기 때문이다. 우리는 배움을 통해서 깨달음을 얻고, 훈련을 통해서 숙달된 기술을 가진 사람이 되어야 한다. 훈련된 사람은 특별한 용도에 귀하게 쓰임을 받는다. 훈련이 잘 되어 있어야 기회를 얻게 되는 것이다. 키만 크다고 농구 선수가 되는 것이 아니다. 피나는 훈련을 통해서 기술을 익혀야 한다.

더불어 훈련이란 긴급한 일보다는 중요한 일에 시간을 보내는 것

💡 **인도자 멘트**

스캇 펙의 말처럼, 훈련은 고통을 먼저 선택하고 즐거움을 나중에 누리는 것입니다. 왜냐하면 훈련은 자기 절제에서부터 시작되기 때문입니다. 면류관을 얻고자 하는 사람은 자기를 절제할 줄 압니다. 비전을 가진 사람은 자신을 쳐서 복종시키는 훈련을 합니다. 다시 말해, 훈련이란 하나님께 쓰임받기를 열망하고 승리하기를 열망하는 사람에게 주시는 하나님의 은혜입니다.

이다. 훈련은 반복적인 요소가 있다. 바로 점검과 평가다. 점검과 평가를 통해서 부족한 것을 보충하고, 잘된 것은 더욱 강화해야 한다. 그리고 한 단계가 끝나면 그 다음 단계를 위해 계속해서 훈련하게 된다. 탁월함은 훈련의 강도에 따라 결정된다.

💬 당신은 지금까지 살면서 어떤 훈련들을 받았는가? 그 훈련들을 통해 당신은 어떤 탁월함을 얻었는가?

영성 훈련은 하나님이 우리를 변화시키는 은혜의 수단이다. 훈련은 우리를 자유로 이끌고, 풍성한 삶을 얻게 하며, 안식을 준다. 그리고 유능하고 실력 있는 사람이 되도록 도와 준다. 그래서 어떤 과업이든 잘 완수할 수 있는 실력자가 된다. 은혜를 받고 싶어 하지만 훈련을 받고자 하는 사람은 적다. 그러나 사실 훈련은 하나님이 우리에게 주시는 최상의 은혜의 수단이다. 영성 훈련을 통해 하나님의 사람은 영적 실력을 배양하게 된다. 때문에 영적 전쟁에서 승리하게 되고, 하나님의 일을 위해 최상의 컨디션을 유지하게 된다.

너무나 많은 기독교인들이 순간적으로 의롭게 되는 스릴을 즐기고 싶어 하는 반면, 지속적으로 의롭게 사는 데에 따르는 불편함을 기꺼이 감내하려 들지는 않는다

/ A. W. 토저

우리의 일은 사람들에게 그들이 원하는 것을 주는 것이 아니다. 우리가 해야 할 일은 그들에게 필요한 것을 주는 일이고 오직 그들이 그 필요한 것을 원하게 만드는 것이다

/ 데오도르 H. 에프

☀️ **인도자 멘트**

그리스도인의 기쁨은 자신이 원하는 것을 함으로 주어지는 것이 아니라 자신이 마땅히 해야 할 일을 행할 때 주어지는 부산물입니다. 기쁨은 하나님 앞에서 자신과 한 약속을 지켜 나갈 때 누리는 것입니다. 신비로운 기쁨은 바로 성실함에서 오는 기쁨입니다. 꾸준한 훈련을 통해서 성실함이 쌓여갈 때, 우리는 비로소 예수님 안에서 자신감을 갖게 되는 능력을 체험합니다.

날마다 자기 영혼을 관리하고 계발하는 영성 훈련은, 마치 연주하기 전에 악기를 조율하는 것과 같다. 우리 영혼이 아름다운 소리를 발할 수 있도록 아침마다 조율하는 것이 바로 '큐티'다.

💬 당신은 매일 큐티 하는가? 당신의 큐티 이야기를 나눠 보라.

Tip

이 문항은 훈련생 반별로 난이도에 따라 큐티 이야기 정도를 설정해 진행해야 한다. 훈련 초보자들이 모인 반이라면, 큐티를 매일 하는지부터 묻고, 언제 어디서 어떻게 진행하는지 정도로 국한해 진행한다. 반면 훈련 고수들이 모인 반이라면, 큐티를 통해 받은 은혜는 물론 경험과 체험까지 적용하여 나눌 수 있을 것이다.

영성 훈련은 평범한 사람을 비범하게 만들고, 범인(凡人)을 지도자로 만든다. 하나님이 선택하신 사람들은 평범한 사람들이었다. 그러나 그들은 훈련을 통해서 탁월한 하나님의 사람들이 되었다. 대표적인 성경 인물이 모세다. 다음 과에서는 모세를 통해 어떻게 비천한 노예의 아들이 위대한 하나님의 사람이 되었는가에 대해서 연구해 보고자 한다.

> 하나님의 사람 모세가 죽기 전에 이스라엘 자손을 위하여 축복함이
> 이러하니라 신 33:1

• 풍요로운 삶을 위한 훈련

애굽에서 받은

모세의 훈련

첫째, 지식의 훈련

모세는 40세까지 세상에서 필요한 지식들을 모두 습득했다. 그는 특별히 지식에 탁월했다. 어린 시절, 그는 유모인 자신의 친어머니 품에서 하나님에 대한 지식을 먼저 배웠다. 그 지식은 평생 그를 지배했다.

✎ 잠언 21장 6절을 성경에서 찾아 적어 보라.

6 속이는 말로 재물을 모으는 것은 죽음을 구하는 것이라 곧 불려다니는 안개니라

✑ 디모데후서 3장 15절을 성경에서 찾아 적어 보라.

15 또 어려서부터 성경을 알았나니 성경은 능히 너로 하여금 그리스도 예수 안에 있는 믿음으로 말미암아 구원에 이르는 지혜가 있게 하느니라

내 백성이 지식이 없으므로 망하는도다 네가 지식을 버렸으니 나도 너를 버려 내 제사장이 되지 못하게 할 것이요 네가 네 하나님의 율법을 잊었으니 나도 네 자녀들을 잊어버리리라 호 4:6

✑ 호세아 6장 6절을 성경에서 찾아 적어 보라.

6 나는 인애를 원하고 제사를 원하지 아니하며 번제보다 하나님을 아는 것을 원하노라

내가 또 내 마음에 합한 목자들을 너희에게 주리니 그들이 지식과 명철로 너희를 양육하리라 렘 3:15

이뿐만이 아니다. 모세는 하나님에 대한 지식과 함께 세상에서 필요한 지식들까지 모두 터득했다.

✏️ 사도행전 7장 22절을 성경에서 찾아 적어 보라.

22 모세가 애굽 사람의 모든 지혜를 배워 그의 말과 하는 일들이 능하
더라

💬 당신은 언제부터 하나님을 아는 지식을 배우기 시작했는가? 하나님을
아는 지식과 세상의 지식을 탁월하게 소유하고 있는가? 만약 부족함이
느껴진다면, 그 이유가 무엇인지 허심탄회하게 말해 보라.

Tip
만일 부모들이 훈련 받고 있는 모임
이라면 이 문항을 자신과 자녀에게
적용해 질문해도 좋다. 예를 들어,
'당신은 자녀를 양육하면서 하나님
을 아는 지식과 세상의 지식 중 무엇
을 먼저 선택하여 알게 했는가?'로
말이다.

둘째, 육체의 훈련

모세는 건강했다. 애굽 사람을 쳐 죽일 때 그는 강했다. 육체에 힘
이 있었고, 지칠 줄 모르는 그 힘을 가지고 전쟁터에 나가서 승리했
다. 우리도 육체의 훈련을 해야 한다. 결코 육체를 무시해서는 안 된다.

육체의 연단은 약간의 유익이 있으나 경건은 범사에 유익하니 금생과

✎ 고린도전서 6장 19절을 성경에서 찾아 적어 보라.

19 너희 몸은 너희가 하나님께로부터 받은 바 너희 가운데 계신 성령의 전인 줄을 알지 못하느냐 너희는 너희 자신의 것이 아니라

육체의 훈련은 필요하나, 건강의 노예가 되지는 않아야 한다. 하나님은 우리의 육체보다 영혼에 더 큰 관심을 가지신다. 몸을 하나님으로 삼아서는 안 된다. 다시 말해, 우리는 건강에 대한 바른 정의가 필요하다.

하나님께서는 전해야 할 메시지와 타고 갈 말 한 필을 내게 주셨다. 슬프다! 내가 말을 죽이는 바람에 메시지를 전할 수가 없구나

/ 로버트 멕체인

건강은 하나님께서 맡기신 과업을 성취하는 데 꼭 필요하다. 자신의 한계를 잘 알아서 지혜롭게 사역해야 한다. 로버트 멕체인은 자신의 몸을 돌아보지 않는 헌신 때문에 세상을 일찍 떠났지만, 그가 세상에 끼친 영향력은 대단히 크다.

건강이란 병이 없다는 것만을 의미하지 않는다. 건강은 삶의 질적 문제이다. 육체적, 정신적, 그리고 영적으로 구김살이 없는 것을 말한다. 그리고 인간의 힘을 최대한으로 발휘시키는 것이다

/ 폴 투르니에

성경에서 말씀하는 건강은 생명, 즉 삶과 관련되어 있다. 바로 '풍성한 삶'이 성경에서 말씀하는 건강에 대한 정의다. 성경은 인간의 몸과 마음과 영혼을 분리시키지 않고 하나로 본다. 쉽게 말해, 생명을 삶으로 보는 것이다. 풍성한 삶을 누리고 있다면, 그는 건강한 사람이다. 풍성한 삶이란 자신의 재능과 은사를 최대한 계발해서 사용하는 삶이라 할 수 있다. 사랑하는 삶이다. 내면세계에 질서가 있고, 평강을 누리며, 관계 속에서 화평을 누리는 사람이 성경적으로 건강한 사람이다.

💬 "인생은 그 길이가 아니라 그 내용에 의해서 평가된다"고 한다. 또한 "이 세상에서 성취된 위대한 일은 가장 무력하고 병약한 사람들에 의해 이루어졌다"고 존 맥스웰은 말한다. 이에 대한 당신의 생각은 어떠한가? 지금까지 당신의 삶을 정리해 보라.

Tip
이 문항은 인도자가 매우 조심스럽게 접근해야 한다. 잘못하면 자아비판과 비관적 인생관을 이야기하게 되어 훈련생들의 사기를 떨어뜨릴 수 있다. 비록 지금까지 성경적으로 풍요로운 삶을 살지 못했다 하더라도, 앞으로 훈련을 통해 풍요로운 삶을 살아가고자 하는 마음의 다짐을 가지게 하는 것이 핵심이다.

몸은 죽여도 영혼은 능히 죽이지 못하는 자들을 두려워하지 말고 오직 몸과 영혼을 능히 지옥에 멸하실 수 있는 이를 두려워하라 마 10:28

그들의 마침은 멸망이요 그들의 신은 배요 그 영광은 그들의 부끄러움에 있고 땅의 일을 생각하는 자라 빌 3:19

셋째, 절제의 훈련

모세는 절제할 줄 알았던 사람이다. 젊은 날, 그에게는 많은 유혹이 있었을 것이다. 나일강의 풍요가 있었을 것이다. 그러나 그는 절제할 줄 알았다. 모세가 애굽의 모든 학술을 익혔다고 하는 것은, 그가 그만큼 절제된 생활을 했다는 것을 의미한다. 절제 없이는 말과 행사에 모두 능할 수 없다. 자신을 쳐 복종시키는 피나는 절제만이 위대한 인물을 만들어 낸다.

삶에서 또는 이 훈련 가운데 당신이 절제해야 할 것은 무엇인가? 그리고 한 주간 당신이 깨달은 절제를 실천해 보라.

이기기를 다투는 자마다 모든 일에 절제하나니 그들은 썩을 승리자의

관을 얻고자 하되 우리는 썩지 아니할 것을 얻고자 하노라 고전 9:25

• 영적 훈련의 필수 코스, 광야 학교 1

모세의 실패에서
배우라

모세의 실패는 우리에게 많은 교훈을 안겨 준다. 말씀에 근거하여
배워 보자.

첫째, 모세는 하나님의 뜻은 알았지만 하나님의 때를 분별하지 못했다.

✏ 사도행전 7장 23절을 성경에서 찾아 적어 보라.

23 나이가 사십이 되매 그 형제 이스라엘 자손을 돌볼 생각이 나더니

둘째, 모세는 조급함으로 인내하지 못했다.

✏️ 사도행전 7장 24절을 성경에서 찾아 적어 보라.

24 한 사람이 원통한 일 당함을 보고 보호하여 압제 받는 자를 위하여
원수를 갚아 애굽 사람을 쳐 죽이니라

셋째, 모세는 하나님의 생각보다는 자신의 생각에 따라 움직였다.

넷째, 모세는 하나님의 일을 육신의 힘으로 이루려고 했다.

✏️ 사도행전 7장 25절을 성경에서 찾아 적어 보라.

25 그는 그의 형제들이 하나님께서 자기의 손을 통하여 구원해 주시는
것을 깨달으리라고 생각하였으나 그들이 깨닫지 못하였더라

다섯째, 모세는 하나님의 음성을 듣기보다는 사람의 말에 따라 움직였다.

✏️ 사도행전 7장 26-29절을 성경에서 찾아 적어 보라.

26 이튿날 이스라엘 사람끼리 싸울 때에 모세가 와서 화해시키려 하여
이르되 너희는 형제인데 어찌 서로 해치느냐 하니
27 그 동무를 해치는 사람이 모세를 밀어뜨려 이르되 누가 너를 관리

와 재판장으로 우리 위에 세웠느냐

28 네가 어제는 애굽 사람을 죽임과 같이 또 나를 죽이려느냐 하니

29 모세가 이 말 때문에 도주하여 미디안 땅에서 나그네 되어 거기서

아들 둘을 낳으니라

_____

_____

_____

여섯째, 모세는 하나님을 경외하기보다 사람을 두려워했다.

🖉 출애굽기 2장 14-15절을 성경에서 찾아 적어 보라.

14 그가 이르되 누가 너를 우리를 다스리는 자와 재판관으로 삼았느냐

네가 애굽 사람을 죽인 것처럼 나도 죽이려느냐 모세가 두려워하여 이

르되 일이 탄로되었도다

15 바로가 이 일을 듣고 모세를 죽이고자 하여 찾는지라 모세가 바로

의 낯을 피하여 미디안 땅에 머물며 하루는 우물 곁에 앉았더라

_____

_____

_____

💬 위의 6가지 중 당신은 모세와 비슷한 부분이 있는가? 어떤 부분인지 솔직하게 나눠 보라.

광야 학교에서

모세가 받은 영적 훈련

하나님이 쓰신 인물은 모두 광야 학교에 입학해야만 했다. 광야는 고난의 장소요, 고독의 장소다. 하나님은 이러한 곳에서 자기의 사람들을 만나고 하나님의 사람으로 만드시는 것이다.

✏️ 신명기 32장 10절을 성경에서 찾아 적어 보라.

10 여호와께서 그를 황무지에서, 짐승이 부르짖는 광야에서 만나시고

호위하시며 보호하시며 자기의 눈동자같이 지키셨도다

광야 학교는 단시간 내에 크게 성공할 수 있는 비법을 배우는 곳이 아니다. 대화의 기술이나 사람들의 인기를 독점하고 경쟁에서 이기는 방법을 터득하는 곳도 아니다. 하나님은 광야 학교에서 그 사람의 인격을 변화시키신다.

하나님은 광야 학교에서 모세의 성품을 변화시키셨다. 원망과 불평으로 가득했던 이스라엘 백성들을 온유함으로 품을 수 있는, 그런 모세의 성품이 바로 광야 학교에서 형성되었다. 광야 학교는 하나님의 사람이 변화되는 곳이다. 육의 사람이 영의 사람으로 바뀌는 곳이다. 애굽 바로의 공주 아들이 하나님의 사람으로 변화되는 곳이었다. 육신을 의지했던 사람이 하나님을 의지하는 사람으로 변화되는 곳이었다.

💡 **인도자 멘트**

하나님의 사람은 광야 학교에서 만들어집니다. 성령님의 손길에 의해서 다듬어지는 것입니다. 즉, 광야 학교는 성령의 학교입니다.

Tip
너무 깊이 나눌 필요는 없다.

💬 지금까지 살면서 당신이 경험한 광야 학교가 있는가?

모세가 광야 학교에서 받은 영적 훈련 10가지를 살펴보자.

① 기다림의 훈련

하나님의 사람들은 기다리면서 하나님의 역사를 기대한다. 하나님의 사람들이 기다리는 동안 하나님은 자기 사람들을 위해 역사의 무대를 준비하고 계신다. 기다리는 동안 기도하고, 준비하며, 기대하라!

✏️ 이사야 30장 18절을 성경에서 찾아 적어 보라.

18 그러나 여호와께서 기다리시나니 이는 너희에게 은혜를 베풀려 하심이요 일어나시리니 이는 너희를 긍휼히 여기려 하심이라 대저 여호와는 정의의 하나님이심이라 그를 기다리는 자마다 복이 있도다

✏️ 시편 62편 5-6절을 성경에서 찾아 적어 보라.

5 나의 영혼아 잠잠히 하나님만 바라라 무릇 나의 소망이 그로부터 나오는도다
6 오직 그만이 나의 반석이시요 나의 구원이시요 나의 요새이시니 내가 흔들리지 아니하리로다

하나님의 그 크신 여유를 한번 생각해 보십시오! 그분은 결코 서두르지 않으십니다
/ 오스왈드 챔버스

② 하나님의 때를 분별하는 훈련

성급하면 이스마엘을 낳고, 기다리면 이삭을 낳는다. 하나님의 뜻과 하나님의 때가 만날 때, 하나님의 역사는 이루어진다. 모세는 인내하지 못하고 조급했다. 그래서 그는 쉽게 분노했다. 그러나 하나님의 때를 분별하며 기다리는 훈련을 하는 동안 그의 성품은 온유하게 변화되었다. 온유는 훈련된 성품이다.

✏️ 요한복음 13장 1절을 성경에서 찾아 적어 보라.

1 유월절 전에 예수께서 자기가 세상을 떠나 아버지께로 돌아가실 때가 이른 줄 아시고 세상에 있는 자기 사람들을 사랑하시되 끝까지 사랑하시니라

✏️ 역대상 12장 32절을 성경에서 찾아 적어 보라.

32 잇사갈 자손 중에서 시세를 알고 이스라엘이 마땅히 행할 것을 아는 우두머리가 이백 명이니 그들은 그 모든 형제를 통솔하는 자이며

✏️ 민수기 12장 3절을 성경에서 찾아 적어 보라.

3 이 사람 모세는 온유함이 지면의 모든 사람보다 더하더라

· 영적 훈련의 필수 코스, 광야 학교 2

③ 홀로 있는 훈련

깊이 있는 사람은 홀로 있는 훈련을 통해서 만들어진다.

✏ 마가복음 1장 35절을 성경에서 찾아 적어 보라.

35 새벽 아직도 밝기 전에 예수께서 일어나 나가 한적한 곳으로 가사

거기서 기도하시더니

외로움에서 고독으로 가는 움직임이 모든 영적인 삶의 시작이다

/ 헨리 나우웬

💡 **인도자 멘트**

헨리 나우웬은 외로움과 고독을 구분했습니다. 그는 외로움은 광야로, 고독은 동산으로 묘사했습니다. 외로움이라는 광야를 아름다운 꽃이 피고 풍성한 열매를 맺는 동산으로 변화시키는 것을 고독으로 보았습니다. 고독은 단순한 외로움이 아니라 하나님 앞에 있는 것입니다. 외로움은 고통스러우나, 고독은 하나님과의 깊은 친교에 들어가는 것입니다.

세상에서 위대한 사람들은 대부분 외로웠다. 외로움이란 성도가 그의 성스러움을 위해 지불해야 하는 대가인 것 같다

/ A. W. 토저

큰 독수리는 홀로 날아간다. 큰 사자는 홀로 사냥한다. 위대한 사람들은 홀로 간다

/ A. W. 토저

④ 하나님의 음성을 듣는 훈련

'광야'와 '말씀'이라는 히브리어 단어는 어원이 같다. 하나님은 광야에서 말씀하신다. 하나님의 사람은 하나님의 말씀을 들어야 한다.

🖉 이사야 55장 2절을 성경에서 찾아 적어 보라.

2 너희가 어찌하여 양식이 아닌 것을 위하여 은을 달아 주며 배부르게 하지 못할 것을 위하여 수고하느냐 내게 듣고 들을지어다 그리하면 너희가 좋은 것을 먹을 것이며 너희 자신들이 기름진 것으로 즐거움을 얻으리라

하나님의 말씀을 듣지 않은 자의 말은 그 누구라도 듣지 말라

/ A. W. 토저

💡 인도자 멘트

우리는 하나님의 말씀을 소중하게 들어야 합니다. 들을 귀만 있으면 얼마든지 들을 수 있습니다. 베드로는 수탉의 우는 소리에 회개했습니다. 어거스틴은 친구가 벼락 맞아 죽는 것을 목도함으로 회개했습니다. 성자 니콜라스 헤르만은 겨울에 잎이 떨어져 앙상해진 나무를 보고 회심했습니다. 당신은 어떻게 하겠습니까?

하나님은 고난을 통해서 우리에게 말씀하신다.

> 사람에 따라서 무서운 일이 일어나기 전에는 하나님께 귀를 기울이지
> 않는 습성들이 남아 있다. 그러므로 고통이란 하나님이 사랑하는 자
> 를 위해 사용하시는 확성기다
> / C. S. 루이스

듣는다는 것은 경청한다는 것이요, 관심을 갖는다는 것이며, 순종
한다는 것이다. 우리는 말하는 기술보다 듣는 기술을 익혀야 한다.

> 사랑의 첫째 의무는 듣는 것이다
> / 폴 틸리히

> 예수님은 몸 전체가 귀였다
> / 헨리 나우웬

⑤ 기도와 말씀의 훈련

✎ 사도행전 6장 4절을 성경에서 찾아 적어 보라.

4 우리는 오로지 기도하는 일과 말씀 사역에 힘쓰리라 하니

⑥ 자아를 깨뜨리는 훈련

🖉 이사야 64장 8절을 성경에서 찾아 적어 보라.

8 그러나 여호와여, 이제 주는 우리 아버지시니이다 우리는 진흙이요

주는 토기장이시니 우리는 다 주의 손으로 지으신 것이니이다

🖉 요한복음 12장 24절을 성경에서 찾아 적어 보라.

24 내가 진실로 진실로 너희에게 이르노니 한 알의 밀이 땅에 떨어져

죽지 아니하면 한 알 그대로 있고 죽으면 많은 열매를 맺느니라

🗨 오늘 배운 훈련 중 자신에게 인상 깊었던 내용이 있다면 함께 나눠 보라.

・**영적 훈련의 필수 코스, 광야 학교 3**

⑦ 자기를 부인하는 훈련

자기 부인은 자기 무시가 아니다. 지나친 자기 비하도, 자기 멸시도 아니다. 자기 부인이란 자신의 정체성을 분명히 알고 부인하는 것이다. 그렇다고 자기를 부인함으로 자기 성취나 자기실현을 하는 것도 아니다. 자기를 부인함으로 하나님의 뜻을 온전히 실현하는 사람으로 변화되는 것이다. 우리는 날마다 자신을 부인하고 주님의 길을 따라야 한다.

✎ 누가복음 9장 23절을 성경에서 찾아 적어 보라.

23 또 무리에게 이르시되 아무든지 나를 따라오려거든 자기를 부인하고 날마다 제 십자가를 지고 나를 따를 것이니라

⑧ 목양하는 훈련

하나님은 작은 일에 충성된 사람을 쓰시고, 더 큰 것을 맡기신다.

모세가 그의 장인 미디안 제사장 이드로의 양 떼를 치더니 그 떼를 광야 서쪽으로 인도하여 하나님의 산 호렙에 이르매 출 3:1

70또 그의 종 다윗을 택하시되 양의 우리에서 취하시며 71젖 양을 지키는 중에서 그들을 이끌어 내사 그의 백성인 야곱, 그의 소유인 이스라엘을 기르게 하셨더니 72이에 그가 그들을 자기 마음의 완전함으로 기르고 그의 손의 능숙함으로 그들을 지도하였도다 시 78:70-72

34다윗이 사울에게 말하되 주의 종이 아버지의 양을 지킬 때에 사자나 곰이 와서 양 떼에서 새끼를 물어가면 35내가 따라가서 그것을 치고 그 입에서 새끼를 건져내었고 그것이 일어나 나를 해하고자 하면 내가 그 수염을 잡고 그것을 쳐죽였나이다 삼상 17:34-35

✎ 누가복음 15장 4절을 성경에서 찾아 적어 보라.

4 너희 중에 어떤 사람이 양 백 마리가 있는데 그 중의 하나를 잃으면 아흔아홉 마리를 들에 두고 그 잃은 것을 찾아내기까지 찾아다니지 아니하겠느냐

✏️ 누가복음 16장 10절을 성경에서 찾아 적어 보라.

10 지극히 작은 것에 충성된 자는 큰 것에도 충성되고 지극히 작은 것에 불의한 자는 큰 것에도 불의하니라

⑨ 섬기는 훈련

섬기는 종이 되려면 자기를 부인해야 한다. 이웃을 향해 죽어야 한다. 이웃의 과거와 허물로부터 죽어야 한다. 우리가 그리스도 안에서 매일 태어나듯이 우리 이웃도 우리 가슴에서 매일 다시 태어나야 한다. 그때 비로소 우리는 쓴 뿌리 없이 그들을 온전히 섬길 수 있다. 작은 것부터 섬기라. 작은 자부터 섬기라.

16미디안 제사장에게 일곱 딸이 있었더니 그들이 와서 물을 길어 구유에 채우고 그들의 아버지의 양 떼에게 먹이려 하는데 17목자들이 와서 그들을 쫓는지라 모세가 일어나 그들을 도와 그 양 떼에게 먹이니라
출 2:16-17

인자가 온 것은 섬김을 받으려 함이 아니라 도리어 섬기려 하고 자기 목숨을 많은 사람의 대속물로 주려 함이니라 막 10:45

✍ 마태복음 25장 40절을 성경에서 찾아 적어 보라.

40 임금이 대답하여 이르시되 내가 진실로 너희에게 이르노니 너희가 여기 내 형제 중에 지극히 작은 자 하나에게 한 것이 곧 내게 한 것이니라 하시고

⑩ 함께 일하는 훈련

모세는 광야 학교 이전에도 하나님을 위해 일했다. 하지만 하나님과 함께 일하지는 못했다. 그가 광야 학교를 마치고 가시나무 떨기 불꽃 가운데 나타나신 하나님을 만났을 때, 그제야 하나님과 함께 일하는 사람이 되었다. 하나님의 능력으로 일하는 사람, 성령의 사람이 된 것이다. 그때 그는 이전에 그의 육신의 힘으로 감당할 수 없었던 위대한 일을 감당했다.

그는 하나님과 함께 일할 뿐만 아니라 다른 사람들과도 더불어 일할 수 있게 되었다. 그의 곁에는 아론과 훌, 여호수아와 갈렙이 있었다. 그는 사람들과 더불어 일했고, 여호수아와 같은 인물도 키워 냈다.

하나님을 위해 일하는 것과 하나님께서 그들을 통해 일하시도록 하는 것의 차이점을 배워본 일이 없는 사람들이 많다. 이것이 많은 목사와 그리스도의 사역자들이 실패하는 이유다
/ F. B. 마이어

✎ 스가랴 4장 6절을 성경에서 찾아 적어 보라.

6 그가 내게 대답하여 이르되 여호와께서 스룹바벨에게 하신 말씀이 이러하니라 만군의 여호와께서 말씀하시되 이는 힘으로 되지 아니하며 능력으로 되지 아니하고 오직 나의 영으로 되느니라

✎ 출애굽기 15장 2절을 성경에서 찾아 적어 보라.

2 여호와는 나의 힘이요 노래시며 나의 구원이시로다 그는 나의 하나님이시니 내가 그를 찬송할 것이요 내 아버지의 하나님이시니 내가 그를 높이리로다

✎ 광야 학교에서 모세가 받은 영적 훈련 10가지를 정리해 보라.

① 기다림의 훈련
② 하나님의 때를 분별하는 훈련
③ 홀로 있는 훈련
④ 하나님의 음성을 듣는 훈련
⑤ 기도와 말씀의 훈련
⑥ 자아를 깨뜨리는 훈련
⑦ 자기를 부인하는 훈련

⑧ 목양하는 훈련

⑨ 섬기는 훈련

⑩ 함께 일하는 훈련

Tip
구체적으로 실천방안을 계획할 수 있
도록 돕고, 일주일간 훈련생들이 서로
연락하며 지속적으로 실천할 수 있도
록 격려하자.

💬 앞서 질문(136쪽)한 당신이 경험한 광야 학교는 성공했는가 아니면 실패했는가? 모세가 받은 영적 훈련 10가지 중 당신에게 부족했던 훈련은 무엇인가? 여러 가지가 있겠지만, 단 한 가지만 선택하여 일주일간 훈련해보라.

광야 학교를
사랑하라

깊은 영성은 깊은 골짜기를 통과한 하나님의 사람들에게서 발견할 수 있다. 광야 학교는 성령의 학교다. 때문에 축복된 장소다. 광야를 싫어하지 말라. 오히려 광야를 사랑하라. 어차피 받아야 할 훈련이라면 기쁨으로 받으라. 훈련은 고통을 먼저 선택하고 즐거움을 나중에 누리는 것이다.

💬 당신은 '훈련은 기쁨이다'라는 말에 동의하는가? 당신에게 오늘 이 훈련은 기쁨인가? 만약 그렇다면 또는 그렇지 못하다면 그 이유는 각각 무엇인가?

Tip
우리가 원하는 것이 아니라 우리가 꼭 해야 할 일을 할 때 풍성한 열매를 맺게 된다. 광야 훈련장에서 하나님의 사람은 성장을 넘어서 성숙해진다. 아름다운 하나님의 사람으로 변화된다.

4주차를 마치며

💬 매일 새벽예배를 드리는 것과 큐티 하는 것은, 마치 고통을 먼저 선택하고 즐거움을 나중에 누리는 것과 같다. 다음 모임 때까지 새벽예배와 큐티 등 변화를 위한 다짐을 나눠 보라.

5주
열매 맺는 영성

이번 주 주제

- 작은 밀알에서 풍성한 열매를 맺는 비전을 볼 수 있다.

- 씨를 뿌리고 인내로 거두며 아래로 내려가는 겸손의 원리를 깨닫는다.

- 자신을 감출 줄 알고 약함과 깨어짐으로 열매 맺는다.

- 열매 맺는 데 장애물을 제거하고 예수님과 친밀하게 연합하여 살아간다.

- 풍성한 열매를 맺은 후 그 열매를 다른 사람과 나눈다.

Ice Breaking

광야 학교의 10가지 영적 훈련 나누기
소요 시간: 10~15분

지난 한 주간 훈련생들의 삶에 적용된 광야 학교의 10가지 영적 훈련 중 실제 자신이 적용했던 훈련과 실천 여부, 변화된 점 등을 자유롭게 나눈다. 성공의 여부가 중심이 아니다. 만약 실패했다면 그 이유를 알고 분석하여 계속 노력을 기울여 삶이 변화되도록 이끄는 것이 중요하다. 훈련은 세상의 기준으로 1등과 2등을 선발하는 것이 아니다. 훈련생들이 마지막까지 함께 서로를 이끌어 주고 격려하며 훈련을 받을 수 있도록 아름다운 분위기를 만들자.

· 하나님은 열매를 찾으신다

하나님은 꽃보다 열매를 찾으신다. 꽃은 아름답고 향기롭다. 그러나 하나님이 찾으시는 것은 화려한 꽃이 아니다. 꽃이 떨어지고 난 후 맺는 열매에 하나님의 관심이 있다. 꽃은 매력적이고 인기가 높다. 인기와 매력은 수단이지 목적이 될 수 없다. 인기와 매력은 인격이라는 열매를 맺어야 한다. 성장은 수단이다. 성장을 통해서 섬김에 이를 때, 진정한 열매로 나타나는 것이다. 하나님은 이러한 열매를 찾으신다. 때문에 열매가 없으면 가지를 제거해 버리겠다고 엄하게 말씀하셨다.

첫째, 풍성한 열매를 맺는 것은 선택이 아니라 필수다.

우리가 풍성한 열매를 맺는 것은 선택이 아니라 필수임을 하나님은 강조하신다. 하나님의 자녀요 백성이면 반드시 풍성한 열매를 맺어야 한다. 그렇지 않을 경우, 하나님은 과감히 찍어 불에 던지신다고 경고하셨다. 열매 맺는 가지는 더 많은 열매를, 그렇지 않은 가지는 제거해 버리신다고 선포하셨다.

🖊 요한복음 15장 2절을 성경에서 찾아 적어 보라.

2 무릇 내게 붙어 있어 열매를 맺지 아니하는 가지는 아버지께서 그것을 제거해 버리시고 무릇 열매를 맺는 가지는 더 열매를 맺게 하려 하여 그것을 깨끗하게 하시느니라

🖊 마태복음 3장 10절을 성경에서 찾아 적어 보라.

10 이미 도끼가 나무 뿌리에 놓였으니 좋은 열매를 맺지 아니하는 나무마다 찍혀 불에 던져지리라

좋은 땅에 뿌려졌다는 것은 말씀을 듣고 깨닫는 자니 결실하여 어떤 것은 백 배, 어떤 것은 육십 배, 어떤 것은 삼십 배가 되느니라 하시더라 마 13:23

둘째, 풍성한 열매는 그리스도의 제자의 표지다.

풍성한 열매는 우리가 그리스도의 제자임을 나타내는 증거다. 때문에 하나님의 자녀요 백성이면 반드시 풍성한 열매를 맺어야 한다.

🖉 요한복음 15장 8절을 성경에서 찾아 적어 보라.

8 너희가 열매를 많이 맺으면 내 아버지께서 영광을 받으실 것이요 너희는 내 제자가 되리라

셋째, 하나님은 우리가 열매 맺기를 원하신다.

우리가 하나님을 선택해 믿고 구원에 이른 게 아니다. 수많은 사람들 중 특별히 우리를 택하여 주신 것은 오직 하나님의 의지다. 그런 하나님은 우리에게 풍성한 열매를 맺으라고 말씀하신다.

🖉 요한복음 15장 16절을 성경에서 찾아 적어 보라.

16 너희가 나를 택한 것이 아니요 내가 너희를 택하여 세웠나니 이는 너희로 가서 열매를 맺게 하고 또 너희 열매가 항상 있게 하여 내 이름으로 아버지께 무엇을 구하든지 다 받게 하려 함이라

💬 그동안 삶을 돌아볼 때, 당신은 꽃과 열매 중 무엇이 되길 소망하며 살았는가? 혹시 꽃을 열매로 오해하며 살아오진 않았는가? 자신의 내면을 솔직하게 바라보고 나눠 보라.

Tip

안타깝게도 많은 그리스도인들은 꽃을 열매로 오해하며 살아간다. 훈련생들이 실수하지 않도록 인도자는 꽃과 열매를 확실하게 구분할 줄 알아야 한다.

흔히 많은 그리스도인들은 자신이 열매를 맺고 살아간다고 생각한다. 그러나 대부분은 꽃을 열매로 오해하며 살아간다. 그렇다면, 꽃과 열매는 어떻게 구분할까? 하나님이 진정 원하시는 풍성한 열매란 무엇일까? 어떻게 하면 열매 맺는 영적 생활을 할 수 있을지 한 주간 함께 연구해 보자.

열매 맺는 영적 생활
1. 비전의 원리

열매 맺는 영적 생활을 위해 가장 먼저 필요한 것은, 작은 밀알에서 풍성한 열매를 맺는 비전을 볼 줄 아는 것이다. 이것이 바로 '비전의 원리'다.

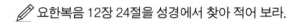

💡 인도자 멘트

예수님은 작은 자로 이 땅에 오셨습니다. 구유에서 태어난 작은 자였습니다. 작은 모습 속에 영성 생활의 비결이 있습니다.

✏️ 요한복음 12장 24절을 성경에서 찾아 적어 보라.

24 내가 진실로 진실로 너희에게 이르노니 한 알의 밀이 땅에 떨어져 죽지 아니하면 한 알 그대로 있고 죽으면 많은 열매를 맺느니라

요한복음 12장 24절은 예수님 자신의 생애를 한 마디로 요약한 말씀이다. 즉, 복음이 무엇인가를 우리에게 일목요연하게 말해준다. 뿐만 아니라 복음에 합당한 삶과 풍성한 열매를 맺는 비결, 그리고 영적 성숙의 가장 탁월한 삶을 보여준다. 이 말씀을 잘 이해하고 온전히 따라 살아간다면, 당신은 말씀 안에서 진정한 자유를 누리게 될 것이다.

예수님은 하나님 나라의 원리를 말씀하실 때에도 씨앗의 원리를 비유해 말씀하셨다. 예수님은 작은 것에서 비전을 보신 것이다.

✏️ 마태복음 13장 31-32절을 성경에서 찾아 적어 보라.

31 또 비유를 들어 이르시되 천국은 마치 사람이 자기 밭에 갖다 심은 겨자씨 한 알 같으니
32 이는 모든 씨보다 작은 것이로되 자란 후에는 풀보다 커서 나무가 되매 공중의 새들이 와서 그 가지에 깃들이느니라

우리는 말씀처럼, 늘 작은 것에서 변화의 비전과 성장의 비전과 성숙의 비전을 바라보아야 한다.

✎ 이사야 60장 22절을 성경에서 찾아 적어 보라.

22 그 작은 자가 천 명을 이루겠고 그 약한 자가 강국을 이룰 것이라 때가 되면 나 여호와가 속히 이루리라

너희 중 한 사람이 천 명을 쫓으리니 이는 너희의 하나님 여호와 그가 너희에게 말씀하신 것같이 너희를 위하여 싸우심이라 수 23:10

✎ 신명기 1장 11절을 성경에서 찾아 적어 보라.

11 너희 조상의 하나님 여호와께서 너희를 현재보다 천 배나 많게 하시며 너희에게 허락하신 것과 같이 너희에게 복 주시기를 원하노라

네 시작은 미약하였으나 네 나중은 심히 창대하리라 욥 8:7

Tip

훈련생들의 훈련 전과 생각이 달라져
성숙해진 모습을 스스로 발견하게 하
라. 훈련을 더욱 귀하게 여기는 시간
이 되도록 인도하면 좋다.

💬 오랜 신앙생활 중, 당신은 혹여 작은 일에 임명되어 서운하거나 마음이
상했던 경험이 있는가? 당시 당신의 반응은 어떠했는가. 그리고 이 훈련
을 받은 후 당신은 어떤 반응을 할지 나눠 보라.

• 농작과 겸손의 원리

열매 맺는 영적 생활

2. 농작의 원리

열매 맺는 영적 생활을 위해 두 번째로 필요한 것은, 심은 대로 거두는 '농작의 원리'를 잘 이해하는 것이다. 농작의 원리 다섯 가지를 하나씩 살펴보자.

첫째, 심는 씨앗의 종류대로 거두게 된다.

"콩 심은 데 콩 나고, 팥 심은 데 팥 난다"는 속담이 있다. 즉, 심은 씨앗의 종류대로 거두게 된다는 말이다. 성경은 육신을 위해 심는 자는 육체로부터 썩어질 것을, 성령을 위해 심는 자는 영생을 거두리라고 말씀한다.

🖉 갈라디아서 6장 7-8절을 성경에서 찾아 적어 보라.

7 스스로 속이지 말라 하나님은 업신여김을 받지 아니하시나니 사람

이 무엇으로 심든지 그대로 거두리라

8 자기의 육체를 위하여 심는 자는 육체로부터 썩어질 것을 거두고 성
령을 위하여 심는 자는 성령으로부터 영생을 거두리라

둘째, 많이 심을수록 많이 거두게 된다.

성경은 적게 심으면 적게 거두고, 많이 심으면 많이 거두게 된다고
말씀한다. 상식적인 이야기지만 우리 삶에 잘 반영하지 않고 사는 부
분이기도 하다. 많은 열매 맺기를 원하는가? 그렇다면 성령을 위해
많이 심으라!

✎ 고린도후서 9장 6절을 성경에서 찾아 적어 보라.

6 이것이 곧 적게 심는 자는 적게 거두고 많이 심는 자는 많이 거둔다
하는 말이로다

너는 아침에 씨를 뿌리고 저녁에도 손을 놓지 말라 이것이 잘 될는지,
저것이 잘 될는지, 혹 둘이 다 잘 될는지 알지 못함이니라 전 11:6

셋째, 심은 다음에는 인내로 기다려야 한다.

한국 사람들은 대체로 성격이 급하다. 그래서인지 예전에는 "10년

이면 강산이 변한다"고 했는데, 최근에는 1년만 지나도 없던 도로가 생기고 빌딩이 세워져 있다. 하지만 세상이 아무리 변해도 농작의 원리는 변하지 않는다. 풍성한 열매를 맺고자 한다면, 심은 다음에 반드시 좋은 마음으로 말씀을 듣고 지키어 인내로 결실할 줄 알아야 한다.

✎ 누가복음 8장 15절을 성경에서 찾아 적어 보라.

15 좋은 땅에 있다는 것은 착하고 좋은 마음으로 말씀을 듣고 지키어 인내로 결실하는 자니라

✎ 갈라디아서 6장 9절을 성경에서 찾아 적어 보라.

9 우리가 선을 행하되 낙심하지 말지니 포기하지 아니하면 때가 이르매 거두리라

그러므로 형제들아 주께서 강림하시기까지 길이 참으라 보라 농부가 땅에서 나는 귀한 열매를 바라고 길이 참아 이른 비와 늦은 비를 기다리나니 약 5:7

넷째, 심은 것을 잘 가꾸고 돌보아야 많이 거두게 된다.

심은 것은 반드시 잘 가꾸고 돌보아야 풍성한 열매를 맺는다. 습기가 없으면 마르고, 습기가 너무 많으면 썩는다. 적당한 습도와 온도, 햇빛과 양분을 받아야 풍성한 열매를 맺는다.

✎ 누가복음 8장 6절을 성경에서 찾아 적어 보라.

6 더러는 바위 위에 떨어지매 싹이 났다가 습기가 없으므로 말랐고

다섯째, 심은 것보다 항상 많이 거두는 것이 농작의 법칙이다.

한 줄기에서 한 열매만 맺지 않는다. 즉 말씀을 듣고 깨닫는 자는 백 배, 육십 배, 삼십 배의 결실을 맺게 된다. 이것이 농작의 법칙이요, 하나님 나라의 원리다.

✎ 마태복음 13장 23절을 성경에서 찾아 적어 보라.

23 좋은 땅에 뿌려졌다는 것은 말씀을 듣고 깨닫는 자니 결실하여 어떤 것은 백 배, 어떤 것은 육십 배, 어떤 것은 삼십 배가 되느니라 하시더라

💬 남은 훈련 기간 동안 농작의 다섯 가지 원리를 적용하여 새 생명의 씨앗을 뿌려 보자. 먼저, 당신이 새 생명의 씨앗을 뿌릴 사람을 선택하라. 그

리고 그 사람에게 적용 가능한 방법으로 농작의 원리를 대입해 계획을 짜서 실행해 보라.

Tip
이 문항은 2주간의 과제가 될 것이다. 6주차 훈련까지 마친 후 구체적인 새 생명의 씨앗을 거둘 수 있게 인도자가 훈련생들과 함께 기도하며 준비한다.

열매 맺는 영적 생활
3. 겸손의 원리

예수님은 하늘 왕좌를 버리고 우리 죄를 대신해 육신을 입고 이 땅에 오셨다. 그리고 이 땅 가운데서도 계속해서 내려가는 삶을 사셨다. 구유에서 십자가까지, 십자가에서 음부까지 말이다. 열매 맺는 영적 생활의 세 번째 비결은 바로 위에서 아래로 내려가는 '겸손의 원리'다.

✎ 빌립보서 2장 8절을 성경에서 찾아 적어 보라.

8 사람의 모양으로 나타나사 자기를 낮추시고 죽기까지 복종하셨으니 곧 십자가에 죽으심이라

하나님은 인물들을 높이 세우기 전에 먼저 아래로 내려가게 하셨다. 철저하게 떨어뜨려 겸손하게 하신 것이다.

⁵젊은 자들아 이와 같이 장로들에게 순종하고 다 서로 겸손으로 허리를 동이라 하나님은 교만한 자를 대적하시되 겸손한 자들에게는 은혜를 주시느니라 ⁶그러므로 하나님의 능하신 손 아래에서 겸손하라 때가 되면 너희를 높이시리라 벧전 5:5-6

✎ 잠언 22장 4절을 성경에서 찾아 적어 보라.

4 겸손과 여호와를 경외함의 보상은 재물과 영광과 생명이니라

Tip
만약 훈련 그룹이 아래로 떨어져 본 경험이 없는 젊은 세대나 평탄하게 살아온 사람들이 대부분이라면, 인도자는 적절하게 질문을 바꿔서 물어도 좋다. 예를 들어, "만약 당신이 뜻하지 않게 아래로 떨어진다면 어떻게 반응하겠는가?"라고 말이다.

💬 당신의 인생 가운데 뜻하지 않게 아래로 떨어졌던 경험이 있는가? 그때 당신은 어떻게 반응했는가? 만약 지금의 당신이라면 어떻게 반응했을지도 함께 말해 보라.

· 은닉과 깨어짐의 원리

열매 맺는 영적 생활
4. 은닉의 원리

열매 맺는 영적 생활의 비결 네 번째는 자신을 감추는 '은닉(隱匿)의 원리'다.

뿌릴새 더러는 길 가에 떨어지매 새들이 와서 먹어버렸고 마 13:4

그러나 그 사람이 나가서 이 일을 많이 전파하여 널리 퍼지게 하니 그러므로 예수께서 다시는 드러나게 동네에 들어가지 못하시고 오직 바깥 한적한 곳에 계셨으나 사방에서 사람들이 그에게로 나아오더라 막 1:45

✏ 요한복음 6장 15절을 성경에서 찾아 적어 보라.

15 그러므로 예수께서 그들이 와서 자기를 억지로 붙들어 임금으로 삼으려는 줄 아시고 다시 혼자 산으로 떠나 가시니라

✏️ 마태복음 6장 4절을 성경에서 찾아 적어 보라.

4 네 구제함을 은밀하게 하라 은밀한 중에 보시는 너의 아버지께서 갚으시리라

오래 엎드린 새가 높게 날고 먼저 핀 꽃이 빨리 시든다

/ 홍자성

우리는 대기만성형의 사람이 되어야 한다. 큰 사람이 되기 위해서는 많은 노력과 시간이 필요하다는 것이다. 즉 풍성한 열매를 맺기 위해 자신을 감추고 하나님의 때를 기다릴 줄 알아야 한다. 엎드려 기도하고, 준비하며, 기대하라! 하나님은 때가 되면 반드시 우리를 높이 날게 하신다.

Tip
이 문항은 혼자만 알고 실천하게 한다. 인도자는 훈련생들에게 잠깐의 시간을 주어 문항에 답을 하도록 하고, 다음 주에 공개하는 방식으로 인도한다.

💬 한 주간 '은닉의 원리'를 생각하며 삶에 적용해 보라. 무엇을, 어떻게 적용할지 혼자 계획하라. 그리고 다음 주에 무엇을, 어떻게 적용했는지 발표하며 결과를 공개해 보라.

열매 맺는 영적 생활
5. 깨어짐의 원리

열매 맺는 영적 생활의 다섯 번째 비결은 자신을 깨뜨리는 '깨어짐의 원리'다.

✎ 요한복음 12장 24-25절을 성경에서 찾아 적어 보라.

24 내가 진실로 진실로 너희에게 이르노니 한 알의 밀이 땅에 떨어져 죽지 아니하면 한 알 그대로 있고 죽으면 많은 열매를 맺느니라
25 자기의 생명을 사랑하는 자는 잃어버릴 것이요 이 세상에서 자기의 생명을 미워하는 자는 영생하도록 보전하리라

씨앗의 생명은 씨눈에 있다. 씨앗이 깨어질 때 그 안에서 생명이 나온다. 상처와 아픔과 부서짐을 통해서 생명이 탄생하고, 풍성한 열매가 맺힌다. 변화는 아픔을 통해서 주어진다. 어머니의 핏속에서 생명이 태어난다. 양수가 터지는 아픔을 통해서 한 생명이 태어난다. 변화는 터지는 아픔과 함께 오며, 동시에 터지는 기쁨이 함께 주어진다.

풍성한 열매는 연약함에서 온다. 강할 때 열매 맺는 것이 아니라 오히려 연약할 때 열매를 맺게 된다. 하나님 나라에서는 약한 것이 축복이다. 무력함이 가장 큰 능력이다.

> 하나님은 하나님을 온전히 의지할 만큼 충분히 연약한 자를 사용하신다
> / 허드슨 테일러

하나님은 쓰시고자 하는 사람을 먼저 철저하게 깨뜨리신다. 육신의 힘이 강하면 육신의 열매를 맺는다. 아브라함이 육신의 힘으로 만든 것은 이스마엘이다. 육신의 힘이 약해질 때 비로소 성령의 열매를 맺게 되었다. 아브라함이 99세가 되고 할례를 통해 죽음을 맛보았을 때, 이삭을 얻게 되었다. 이스마엘은 육신의 열매요, 이삭은 성령의 열매다. 모세의 육이 깨어졌을 때 성령님이 임하셨다. 바울이 약할 때 오히려 하나님의 능력이 임했다.

✎ 고린도후서 12장 9-10절을 성경에서 찾아 적어 보라.

9 나에게 이르시기를 내 은혜가 네게 족하도다 이는 내 능력이 약한 데

서 온전하여짐이라 하신지라 그러므로 도리어 크게 기뻐함으로 나의 여러 약한 것들에 대하여 자랑하리니 이는 그리스도의 능력이 내게 머물게 하려 함이라

10 그러므로 내가 그리스도를 위하여 약한 것들과 능욕과 궁핍과 박해와 곤고를 기뻐하노니 이는 내가 약한 그 때에 강함이라

✎ 고린도전서 15장 31절을 성경에서 찾아 적어 보라.

31 형제들아 내가 그리스도 예수 우리 주 안에서 가진 바 너희에 대한 나의 자랑을 두고 단언하노니 나는 날마다 죽노라

예수님도 연약하고 무력한 아이로 태어나셨다는 사실을 기억하라. 육신의 부모를 의지하고, 연약한 순처럼 사셨다. 다른 사람의 도움을 필요로 하셨다. 그 무력함 속에서 하나님의 성령이 임했고, 철저하게 하나님을 의지하는 가운데 성령의 능력이 나타나 사역하셨다.

성공적인 삶과 열매가 풍성한 삶 사이에는 크게 다른 점이 있습니다. 성공은 힘과 통제력과 존경할 만한 태도에서 오는 것입니다. 성공적인 사람은 무엇인가를 창조하고, 그것이 발전해 가도록 계속 통제력을 가지며, 그것을 양적으로 풍부하게 할 수 있는 힘을 가지고 있습니

다. 성공에는 많은 보상과 때로는 명성이 뒤따릅니다. 그러나 열매는 약함과 취약성으로부터 맺습니다. 그리고 모든 열매는 독특합니다. 어린 아기는 상처받기 쉬운 연약함 속에서 잉태된 열매이고, 공동체는 서로의 상처를 나누는 가운데 태어난 열매이며, 친밀함은 서로 다른 사람의 상처를 어루만짐으로써 자란 열매입니다. 우리에게 참된 기쁨을 주는 것은 성공적인 삶이 아니라 열매 맺는 삶임을 서로에게 상기시켜 주십시오

/ 헨리 나우웬

Tip
훈련생들의 인생 가운데도 분명 '깨어짐'의 시간이 있었을 것이다. 그 시간을 상처가 아닌 '열매 맺는' 시간으로 인식하고, 오히려 감사할 수 있도록 이끌면 좋다.

💬 성경에서 '깨어짐의 원리'가 잘 나타난 말씀을 더 찾아 보라. 그리고 당신에게 주는 '깨어짐'의 교훈은 무엇인지 자유롭게 나눠 보라.

*예수님의 몸이 깨어질 때 피와 물이 쏟아졌습니다.
"그 중 한 군인이 창으로 옆구리를 찌르니 곧 피와 물이 나오더라" (요 19:34)

*예수님이 최후의 만찬에서 떡을 떼어 주실 때 자신의 몸을 깨뜨려 주신 것이었습니다.
"그들이 먹을 때에 예수께서 떡을 가지사 축복하시고 떼어 제자들에게 주시며 이르시되 받아서 먹으라 이것은 내 몸이니라 하시고" (마 26:26)

*반석이신 예수님이 깨어지심으로 생수를 주셨습니다.
"내가 호렙 산에 있는 그 반석 위 거기서 네 앞에 서리니 너는 그 반석을 치라 그것에서 물이 나오리니 백성이 마시리라 모세가 이스라엘 장로들의 목전에서 그대로 행하니라" (출 17:6)

· 예수님과 연합하는 원리

열매 맺는 영적 생활

6. 친밀함과 연합의 원리

열매 맺는 영적 생활의 여섯 번째 비결은 '친밀함과 연합의 원리'다.

🖊 요한복음 15장 5절을 성경에서 찾아 적어 보라.

5 나는 포도나무요 너희는 가지라 그가 내 안에, 내가 그 안에 거하면 사람이 열매를 많이 맺나니 나를 떠나서는 너희가 아무것도 할 수 없음이라

_____

_____

뿌리 깊은 영성은 깨어짐과 동시에 씨앗의 생명이 탄생하면서 뿌리를 내리는 것이다. 그 뿌리를 내리는 곳은 예수 그리스도. 예수님께 깊이 뿌리를 내린다는 것, 즉 진정 예수님 안에 거한다는 것은 무

엇을 의미하는가? 요한복음 15장 5절에 나오는 '예수님 안에 거한다' 는 것은 다음과 같은 의미를 가지고 있다.

첫째, 말씀 안에 거하는 것이다.

태초에 하나님은 말씀과 함께 계셨는데, 그 말씀은 그리스도다. 우리가 말씀 안에 거할 때 그리스도의 제자가 된다고 성경은 말씀한다.

✎ 요한복음 8장 31절을 성경에서 찾아 적어 보라.

31 그러므로 예수께서 자기를 믿은 유대인들에게 이르시되 너희가 내 말에 거하면 참으로 내 제자가 되고

_____

그의 계명을 지키는 자는 주 안에 거하고 주는 그의 안에 거하시나니 우리에게 주신 성령으로 말미암아 그가 우리 안에 거하시는 줄을 우리가 아느니라 요일 3:24

둘째, 사랑 안에 거하는 것이다.

사람을 변화시키는 것은 사랑이다. 사랑만큼 강한 힘은 없다. 하나님의 사랑 앞에 변화되지 않을 자가 없다. 책망은 사람을 바로 잡지만, 사랑은 사람을 성장하게 한다.

🖊 요한복음 15장 9절을 성경에서 찾아 적어 보라.

9 아버지께서 나를 사랑하신 것같이 나도 너희를 사랑하였으니 나의
사랑 안에 거하라

_____

_____

셋째, 기도 안에 거하는 것이다.

사람을 변화시키는 것은 하나님의 일이다. 특히, 사람의 내면은 하
나님만이 변화시키실 수 있다. 인간이 할 수 있는 일이 아니다. 때문
에 기도해야 한다. 기도할 때 하나님의 말씀이 내면에서 역사한다. 기
도할 때 영혼이 구원받는 열매를 맺게 된다. 주님께 무시로 기도할 때
우리는 그리스도 안에 거하게 된다.

🖊 요한복음 15장 7절을 성경에서 찾아 적어 보라.

7 너희가 내 안에 거하고 내 말이 너희 안에 거하면 무엇이든지 원하는
대로 구하라 그리하면 이루리라

_____

_____

넷째, 성령 안에 거하는 것이다.

주님은 하늘로 승천하시며 보혜사 성령님을 보내주신다고 약속하
셨다. 즉 우리가 그리스도 안에 거한다는 것은 바로 성령 안에 거하는
것이다.

✎ 요한복음 14장 16절을 성경에서 찾아 적어 보라.

16 내가 아버지께 구하겠으니 그가 또 다른 보혜사를 너희에게 주사 영원토록 너희와 함께 있게 하리니

✎ 요한복음 15장 26절을 성경에서 찾아 적어 보라.

26 내가 아버지께로부터 너희에게 보낼 보혜사 곧 아버지께로부터 나오시는 진리의 성령이 오실 때에 그가 나를 증언하실 것이요

성령님은 그리스도의 영, 그리스도를 증거하는 영이다. 때문에 사람을 살리고 변화시키는 일은 성령님이 말씀을 통해서 하신다.

살리는 것은 영이니 육은 무익하니라 내가 너희에게 이른 말은 영이요 생명이라 요 6:63

이러한 친밀함과 연합을 통해 우리는 하나님이 찾으시는 열매를 맺게 된다. 과실수는 생수를 많이 빨아들일수록 열매를 많이 맺는다. 식물학자들의 연구에 의하면, 나무가 어려움을 만났을 때 훨씬 더 많은 양의 물을 빨아들인다고 한다. 비가 오지 않거나 폭풍이 몰아치거나 뜨거운 태양이 작열할 때, 더 많은 물을 빨아들인다는 것이다. 우리도 많은 열매를 맺기 위해서는 예수님과 연합해서 끊임없이 생명

을 공급받아야 한다.

💬 당신은 얼마나 그리스도와 친밀하게 연합하여 살아가는가? 만약 그렇게 살지 못했다면, 그 이유는 무엇인가?

💡 인도자 멘트

나무는 생명수가 많이 공급될 때 열매를 맺습니다. 생명수가 조금 공급되면 생존하기에 급급하고, 적절하게 공급되면 푸르고 싱싱한 모습에서 그칩니다. 하지만 생명수가 충만하게 공급되면 잉여분의 생명수가 열매로 나타나게 됩니다. 때문에 생명의 말씀을 많이 먹을수록 우리는 풍성한 열매를 맺게 되는 것입니다.

예수님은 생명이시다. 생명과 능력의 원천이시다. 예수님은 말씀을 통해서 우리에게 생명을 공급하신다. 고로, 예수님의 말씀은 생명수와 같다.

예수님이 자신을 깨뜨릴 때 우리에게 세 가지 액체를 부어 주셨다. 그것은 '물'과 '보혈'과 '성령'이다. 이 세 가지 액체 없이는 결단코 열매를 맺을 수가 없다. 이 세 가지는 주님의 깨어짐을 통해서 우리에게 친히 부어주신 것이다. 때문에 이 세 가지가 주님을 증거한다.

✏️ 요한일서 5장 6-8절을 성경에서 찾아 적어 보라.

6 이는 물과 피로 임하신 이시니 곧 예수 그리스도시라 물로만 아니요

물과 피로 임하셨고 증언하는 이는 성령이시니 성령은 진리니라

7 증언하는 이가 셋이니

8 성령과 물과 피라 또한 이 셋은 합하여 하나이니라

우리에게는 열매를 맺는 데 장애물이 있다. 그것은 바로 '죄'와 '교만'이다.

먼저, 죄에 대해 살펴보자.

죄의 문제를 해결해 주는 것은 바로 물과 보혈과 성령이다. 우리로 하여금 죄를 깨닫게 하여 회개하도록 도와준다. 상처를 치유하여 풍성한 열매를 맺도록 도와준다. 능력을 부어 주어 넉넉하게 이길 수 있도록 도와준다.

둘째, 교만은 닫힌 마음이다.

우리는 열린 마음, 즉 겸손을 가질 때 예수님의 생명을 공급받는다. 다시 말해, 교만하면 하나님 없이 살려고 하지만 겸손하면 하나님을 의지하며 기도하게 된다. 겸손은 자기의 연약함을 인정하는 것이며, 자신의 연약함을 인정할 때 주님과의 친밀함이 싹트게 된다. 그리고 이 친밀함 속에서 열매를 맺게 된다.

당신이 열매를 맺는 데 어떠한 장애물이 있는가? 구체적으로 말해 보라.

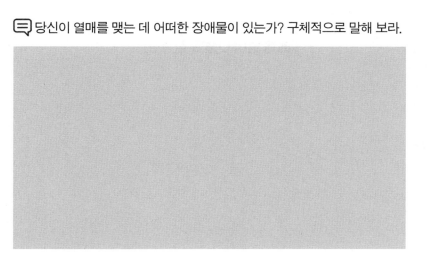

18아무도 꾸며낸 겸손과 천사 숭배를 이유로 너희를 정죄하지 못하게 하라 그가 그 본 것에 의지하여 그 육신의 생각을 따라 헛되이 과장하고 19머리를 붙들지 아니하는지라 온 몸이 머리로 말미암아 마디와 힘줄로 공급함을 받고 연합하여 하나님이 자라게 하시므로 자라느니라

골 2:18-19

· 열매를 넘어 나눔과 섬김으로

친밀함과 연합을 통해서 맺게 되는 열매, 진정으로 하나님이 찾으시는 열매는 무엇일까? 말씀을 통해 자세히 살펴보자.

첫째, 하나님이 찾으시는 열매는 '성령의 열매'다.

🖊 갈라디아서 5장 22-23절을 성경에서 찾아 적어 보라.

22 오직 성령의 열매는 사랑과 희락과 화평과 오래 참음과 자비와 양선과 충성과
23 온유와 절제니 이 같은 것을 금지할 법이 없느니라

둘째, 하나님이 찾으시는 열매는 '사역'의 열매'다.

✎ 요한복음 17장 4절을 성경에서 찾아 적어 보라

4 아버지께서 내게 하라고 주신 일을 내가 이루어 아버지를 이 세상에
서 영화롭게 하였사오니

셋째, 하나님이 찾으시는 열매는 '기쁨의 열매'다.

✎ 로마서 12장 1절을 성경에서 찾아 적어 보라.

1 그러므로 형제들아 내가 하나님의 모든 자비하심으로 너희를 권하
노니 너희 몸을 하나님이 기뻐하시는 거룩한 산 제물로 드리라 이는
너희가 드릴 영적 예배니라

기쁨은 동정 안에 숨겨져 있습니다. 동정이라는 말은 원래 '고통을 함
께 경험한다'는 뜻입니다. 다른 사람의 고통을 함께하는 것이 기쁨을
줍니다. 이는 흔히 있는 일은 아닙니다. 그러나 고통 받고 있는 사람과
함께 있고, 절망 속에 있는 사람과 자리를 같이하며, 혼란과 불확실의
시간을 친구와 함께한다는 것, 이러한 경험들이 우리에게 큰 기쁨을
줍니다. 어떠한 행복이나 흥분이나 대단한 만족이 아니라 다른 사람

을 위하여 함께한다는 조용한 기쁨, 가족 속에서 우리의 형제·자매들과의 깊은 결속 안에서 사는 기쁨 말입니다. 흔히 이것은 약함 속에서의 결속, 깨어짐 속에서의 결속, 상처 속의 결속을 의미합니다. 이 결속을 통하여 우리는 다른 사람들과 인간애를 나눌 수 있는 기쁨의 중심으로 가게 됩니다

／ 헨리 나우웬

열매 맺는 영적 생활
7. 나눔의 원리

열매 맺는 영적 생활의 일곱 번째 비결은 '나눔의 원리'다.

하나님은 우리에게 언제까지나 낮아지고 깨어지며 죽으라고 말씀하지 않으신다. 하나님은 때가 되면 엎드린 사람들을 높이 세우신다.

> 이러므로 하나님이 그를 지극히 높여 모든 이름 위에 뛰어난 이름을 주사 빌 2:9

✎ 창세기 41장 41-43절을 성경에서 찾아 적어 보라.

41 바로가 또 요셉에게 이르되 내가 너를 애굽 온 땅의 총리가 되게 하노라 하고

42 자기의 인장 반지를 빼어 요셉의 손에 끼우고 그에게 세마포 옷을

입히고 금 사슬을 목에 걸고

43 자기에게 있는 버금 수레에 그를 태우매 무리가 그의 앞에서 소리
지르기를 엎드리라 하더라 바로가 그에게 애굽 전국을 총리로 다스리
게 하였더라

___

___

___

✎ 여호수아 6장 27절을 성경에서 찾아 적어 보라.

27 여호와께서 여호수아와 함께하시니 여호수아의 소문이 그 온 땅에
퍼지니라

___

하나님이 우리를 세우셔서 아름다운 성품과 함께 형통의 축복을
주셨는가? 그때 우리는 섬겨야 할 사명이 있음을 기억해야 한다. 우
리가 깨어짐과 고난을 통해서 아픔을 경험했다면, 그 아픔이 사명이
다. 나와 똑같은 아픔을 경험한 사람들을 찾아가 그들을 도와주어야
한다. 더 가졌다는 것도 사명이다. 우리에게 무엇인가 풍성하게 주시
고, 우리의 생존을 넘어선 부요와 풍요를 주셨다는 것은 어려운 사람
들에게 나누어 주라는 뜻이다. 이것이 사명이다.

장애인, 노숙자, 선교사, 신학생, 청년, 어린이, 차량안내자 등 어떤
분야든지 부담감을 느끼면 기도하고 봉사하라. 우리는 축복의 통로
다. 때문에 열매를 풍성히 맺게 되면, 반드시 그것을 나눠야 할 사명
이 있다.

✎ 누가복음 6장 38절을 성경에서 찾아 적어 보라.

38 주라 그리하면 너희에게 줄 것이니 곧 후히 되어 누르고 흔들어 넘
치도록 하여 너희에게 안겨 주리라 너희가 헤아리는 그 헤아림으로 너
희도 헤아림을 도로 받을 것이니라

✎ 고린도후서 9장 6절을 성경에서 찾아 적어 보라.

6 이것이 곧 적게 심는 자는 적게 거두고 많이 심는 자는 많이 거둔다
하는 말이로다

성장을 넘어 성숙으로,
성공을 넘어 섬김으로!

꽃은 아름답지만 떨어져야 한다. 꽃이 계속 피어 있는 한 열매를
맺을 수 없기 때문이다. 세상의 인기와 좋은 평판에 머물기를 원한다
면, 당신은 결코 열매를 맺지 못한다. 세상에서 성공하고, 정상을 정
복하는 것은 죄가 아니다. 중요한 것은, 성공에는 반드시 사명이 있다
는 사실이다. 그것을 섬김의 기회로 삼아야 한다.
나무는 열매를 맺은 후 그 열매를 자신이 먹지 않는다. 열매는 분
명 다른 사람이 먹게 되어 있다. 열매 맺는 나무의 기쁨은, 자신의 열

매를 먹는 사람들이 즐거워하는 모습을 보는 것이다. 또한 열매 속에 감추어진 수천, 수만 그루의 나무를 보면서 기뻐하는 것이다. 바로 당신 안에 풍성한 열매를 맺는 씨앗이 담겨 있다. 비전을 가지라! 낮아지고 감추어지며 깨어지는 과정을 거칠 때 낙심하지 마라. 풍성한 열매를 맺는 과정 중에 고통을 통과해야 하는 광야가 있음을 기억하길 바란다.

💬 나누어 줌으로 혹은 은밀한 섬김을 통해 풍성한 은혜를 경험한 적이 있는가? 함께 나눠 보라.

5주차를 마치며

부담감이 사명이다. 누리고 있는 축복
을 누군가에게 나누고 싶은 부담감이
있다면, 그 부담감을 사명으로 받아
들여서 열매를 맺도록 인도하라.

💬 당신에게는 어떠한 사명이 있다고 생각하는가? 그 사명을 어떻게 섬김
의 기회로 삼을지 말해 보라.

//////

6주
뻗어 나가는 영성

이번 주 주제

- 예수님께 뿌리 내린 영성이 뻗어 나가도록 성령의 능력을 구한다.

- 모든 민족으로 제자를 삼고 믿음으로 계속 뻗어 나간다.

- 영적 순례에 큰 도움을 줄 영적 인도자의 중요성을 깨닫는다.

- 좋은 리더로 성장하기 위해 좋은 영적 인도자를 찾고 만난다.

- 탁월한 영성의 최고봉이 기도임을 깨닫고 기도 생활을 실천한다.

Ice Breaking

'은닉의 원리' 적용 나누기
소요 시간: 10~15분

지난 한 주간 훈련생들의 삶에 적용된 '은닉의 원리'를 생각하며 무엇을 감추고 어떻게 적용했는지 발표하는 시간을 갖는다. 더불어 인도자는 '은닉의 원리'에 대하여 한 번 더 정리해 준다.

*은닉의 원리: 우리는 대기만성형의 사람이 되어야 한다. 큰 사람이 되기 위해서는 많은 노력과 시간이 필요하다. 즉 풍성한 열매를 맺기 위해서는 자신을 감추고 하나님의 때를 기다릴 줄 알아야 한다. 엎드려 기도하고, 준비하며, 기대하라! 하나님은 때가 되면 반드시 높이 날게 하신다.

·뻗어 나가는 영성의 삶

'뿌리 깊은 영성' 훈련의 마지막 주차다. 이제 우리는 이 훈련을 마무리하면서 '영적 발돋움'(Reaching Out)을 해야 한다. 예수님께 접붙인 바 되어 뿌리를 내리기 시작했다면, 그 뿌리가 사방으로 잘 뻗어 나가도록 해야 하는 것이다.

영성은 예수님을 만남으로 시작된다. 예수님을 만난 후에 우리는 자기 자신을 발견하게 된다. 거기서부터 우리의 영적 발돋움이 시작되고 영적으로 뻗어 나가게 된다. 헨리 나우웬은 세 가지 차원에서 영적으로 뻗어 나가야 한다고 말한다.

첫째, 자아를 향한 발돋움

둘째, 동료 인간을 향한 발돋움

셋째, 하나님을 향한 발돋움

영성은 자기 발견에서 나아가 자신의 영혼을 관리하고, 영혼 관리와 함께 영혼을 계발하는 것이다. 그때 비로소 이웃을 향해 뻗어 나갈 수 있다. 영성을 추구하는 목적은 결국 사역에 있다. 하나님의 일, 특히 선한 일을 하기 위한 것이다.

예수님도 "아버지께서 내게 하라고 주신 일을 내가 이루어 아버지를 이 세상에서 영화롭게 하였사오니"(요 17:4)라고 말씀하셨다. 뻗어 나가는 영성은 자기를 초월하는 것을 의미한다. 자아를 초월하기 위해서 어떻게 해야 하는지를 배우고자 한다.

> 요셉은 무성한 가지 곧 샘 곁의 무성한 가지라 그 가지가 담을 넘었도다 창 49:22

당신은 헨리 나우웬이 말한 영적으로 뻗어 나가야 할 세 가지 차원을 이해하는가? 그렇다면 이 훈련을 통해 어떻게 뻗어 나갈지 세 가지 차원을 적용해 자유롭게 나눠 보라.

Tip
우선 훈련생 개개인이 자아를 향한 발돋움을 계획해 보도록 이끈다. 이 훈련이 끝나면 동료를 위한 발돋움으로 나아가야 한다. 그때 비로소 하나님을 향한 발돋움이 되는 것이다. 이 부분을 기준으로 훈련생들이 구체적인 사역 계획을 세울 수 있도록 큰 그림을 설계하는 시간을 가진다.

성령의 능력을
사모하고 구하라

하나님의 사람이 되는 전환점은 성령의 기름 부으심을 받는데서 시작된다. 정적인 영성을 넘어서 동적인 영성을 소유하기 위해서는 성령의 능력을 받아야 한다. 내적인 성령의 역사는 주로 성령의 열매와 관계있는데, 이것은 인성 영역이다. 반면 외적인 성령의 역사는 주로 성령의 능력과 관계있는데, 이것은 은사 영역이다. 즉, 모두 사역과 관련되어 있으며, 서로 분리시킬 수 없다. 가장 바람직한 사역은 바로 성품에서 흘러나오는 것이다. 사역을 위해 부어지는 능력을 우리는 '야성'이라고 말할 수 있다.

✎ 누가복음 24장 49절을 성경에서 찾아 적어 보라.

49 볼지어다 내가 내 아버지께서 약속하신 것을 너희에게 보내리니 너희는 위로부터 능력으로 입혀질 때까지 이 성에 머물라 하시니라

✎ 사도행전 1장 8절을 성경에서 찾아 적어 보라.

8 오직 성령이 너희에게 임하시면 너희가 권능을 받고 예루살렘과 온 유대와 사마리아와 땅 끝까지 이르러 내 증인이 되리라 하시니라

성령님은 불처럼 역사하신다. 그래서 성령이 충만하게 임할 때, 우리는 앞으로 전진하게 된다.

✎ 창세기 41장 38절을 성경에서 찾아 적어 보라.

38 바로가 그의 신하들에게 이르되 이와 같이 하나님의 영에 감동된 사람을 우리가 어찌 찾을 수 있으리요 하고

✎ 출애굽기 3장 2절을 성경에서 찾아 적어 보라.

2 여호와의 사자가 떨기나무 가운데로부터 나오는 불꽃 안에서 그에게 나타나시니라 그가 보니 떨기나무에 불이 붙었으나 그 떨기나무가 사라지지 아니하는지라

모세가 눈의 아들 여호수아에게 안수하였으므로 그에게 지혜의 영이 충만하니 이스라엘 자손이 여호와께서 모세에게 명령하신 대로 여호수아의 말을 순종하였더라 신 34:9

예수님은 육신을 입고 이 땅에 33년간 머무르셨다. 예수님은 사생애 30년과 공생애 3년을 사셨는데, 공생애로의 전환점은 바로 성령의 임하심이었다.

✏️ 마태복음 3장 16절을 성경에서 찾아 적어 보라.

16 예수께서 세례를 받으시고 곧 물에서 올라오실새 하늘이 열리고 하나님의 성령이 비둘기 같이 내려 자기 위에 임하심을 보시더니

하나님이 나사렛 예수에게 성령과 능력을 기름 붓듯 하셨으매 그가 두루 다니시며 선한 일을 행하시고 마귀에게 눌린 모든 사람을 고치셨으니 이는 하나님이 함께하셨음이라 행 10:38

우리가 뻗어 나가는 영성의 삶을 살기 위해서는 항상 성령의 능력을 사모하고 구해야 한다.

✏️ 시편 105편 4절을 성경에서 찾아 적어 보라.

4 여호와와 그의 능력을 구할지어다 그의 얼굴을 항상 구할지어다

성령은 우리의 인격을 변화시키신다. 그리고 변화된 성품에서 사역이 흘러나올 때 바로 주님이 가장 바라시는 일이 된다. 당신은 성령으로 변화된 온전한 성품과 성령의 능력으로 사역한 경험이 있는가? 그 은혜를 함께 나눠 보라.

Tip
우리는 때로 의무적으로 사역하는 경향이 있다. 이 질문은 의무감과 책임감으로 반복하는 사역을 말하는 것이 아니다. 정말 성령의 이끌림에 의해 은혜로 사역했던 경험과 그때 뿜어져 나온 성령의 역사를 나누는 시간이다.

· 복음을 위해 믿음으로 전진하기

매일 복음을 전하는 것이

뻗어 나가는 영성이다

우리의 부르심은 한 민족을 위한 게 아니라 전 세계를 위한 부르심이다. 뻗어 나가기 위해서는 뻗어 나가는 비전을 보아야 한다. 그것이 믿음의 삶이다.

✎ 마태복음 28장 19-20절을 성경에서 찾아 적어 보라.

19 그러므로 너희는 가서 모든 민족을 제자로 삼아 아버지와 아들과

성령의 이름으로 세례를 베풀고

20 내가 너희에게 분부한 모든 것을 가르쳐 지키게 하라 볼지어다 내

가 세상 끝날까지 너희와 항상 함께 있으리라 하시니라

✏️ 마가복음 16장 15절을 성경에서 찾아 적어 보라.

15 또 이르시되 너희는 온 천하에 다니며 만민에게 복음을 전파하라

⋯⋯⋯⋯⋯⋯⋯⋯⋯⋯⋯⋯⋯⋯⋯⋯⋯⋯⋯⋯⋯⋯⋯⋯⋯⋯⋯

또 그의 이름으로 죄 사함을 받게 하는 회개가 예루살렘에서 시작하
여 모든 족속에게 전파될 것이 기록되었으니 눅 24:47

💬 선교 경험이 있는가? 의도하지 않았지만 놀랍게도 주님의 은혜가 임했
던 선교 사역이 있다면, 그 은혜를 나눠 보라. 더불어 훈련이 끝나고
계획하는 선교 또는 전도가 있다면 무엇인지도 함께 말해 보라.

Tip
우리는 끊임없이 전도하고 선교하며
복음을 전해야 한다. 훈련을 마칠 때
쯤 교회에서 진행하는 전도 축제나
단기 선교가 있다면 모두 참여할 수
있도록 이 시간을 통해 독려하라. 더
불어 매일의 삶 가운데 어떻게 복음
을 전하며 살지 목표를 설정하도록
한다.

계속 페달을 밟고
전진하라

믿음으로 사는 사람은 뒤를 돌아보지 말고, 앞으로 전진하며 뻗어
나가야 한다.

✎ 히브리서 10장 38-39절을 성경에서 찾아 적어 보라.

38 나의 의인은 믿음으로 말미암아 살리라 또한 뒤로 물러가면 내 마
음이 그를 기뻐하지 아니하리라 하셨느니라
39 우리는 뒤로 물러가 멸망할 자가 아니요 오직 영혼을 구원함에 이
르는 믿음을 가진 자니라

✎ 누가복음 9장 62절을 성경에서 찾아 적어 보라.

62 예수께서 이르시되 손에 쟁기를 잡고 뒤를 돌아보는 자는 하나님의
나라에 합당하지 아니하니라 하시니라

잘 뻗어 나가기 위해서는 정확한 목표를 세우고, 그에 합당한 대가
도 지불해야 한다.

✏️ 빌립보서 3장 12-14절을 성경에서 찾아 적어 보라.

12 내가 이미 얻었다 함도 아니요 온전히 이루었다 함도 아니라 오직 내가 그리스도 예수께 잡힌 바 된 그것을 잡으려고 달려가노라
13 형제들아 나는 아직 내가 잡은 줄로 여기지 아니하고 오직 한 일 즉 뒤에 있는 것은 잊어버리고 앞에 있는 것을 잡으려고
14 푯대를 향하여 그리스도 예수 안에서 하나님이 위에서 부르신 부름의 상을 위하여 달려가노라

가장 안전한 것은 사도 바울처럼 계속 전진하는 것이다. 자전거를 탈 때 넘어지지 않는 방법은 계속 페달을 밟고 나아가는 것이다. 믿음의 삶도 마찬가지다. 그러나 서두르지는 마라. 신앙은 순례 여행이다.

잠시 멈추어 서서 자신을 정비하라. 하나님도 멈추어 만드신 작품을 바라보며 기뻐하셨다. 그러나 우리에게 생육하고 번성하며 땅을 정복하라고 명하셨다. 하나님은 바로 그것을 원하신다. 하나님께 영과 진리로 예배드려라. 그리고 예배를 통해 힘을 얻어 계속 뻗어나가라. 차고 넘치는 사람이 되라. 그래서 주고 또 받고, 받고 또 주길 바란다. 갈릴리 바다와 같이 되는 것이 중요하다.

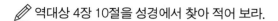 역대상 4장 10절을 성경에서 찾아 적어 보라.

10 야베스가 이스라엘 하나님께 아뢰어 이르되 주께서 내게 복을 주
시려거든 나의 지역을 넓히시고 주의 손으로 나를 도우사 나로 환난을
벗어나 내게 근심이 없게 하옵소서 하였더니 하나님이 그가 구하는 것
을 허락하셨더라

💧 이사야 54장 2-3절을 성경에서 찾아 적어 보라.

2 네 장막터를 넓히며 네 처소의 휘장을 아끼지 말고 널리 펴되 너의
줄을 길게 하며 너의 말뚝을 견고히 할지어다
3 이는 네가 좌우로 퍼지며 네 자손은 열방을 얻으며 황폐한 성읍들을
사람 살 곳이 되게 할 것임이라

💬 믿음으로 사는 사람은 계속 뻗어 나가야 한다. 그러나 이를 위해서는 반드시 성령으로부터 끊임없이 능력을 공급받아야 한다. 예배, 큐티, 소그룹 활동 등을 통해서 말이다. 이를 위해 어떻게 힘쓸지 다짐해 보라.

Tip
대부분 훈련이 끝나면, 의무적으로라도 해왔던 큐티는 물론 새벽예배와 소그룹 모임조차 소홀해지기 쉽다. 훈련이 끝나고도 어떻게든 예배의 자리를 지키고, 계속 훈련의 자리에 참여하기 위해 다짐하는 시간을 가져 보라.

• 영적 인도자의 중요성 깨닫기

하나님의 길로 이끌어 주는

영적 인도자

영성을 추구하는 사람들 중에는 머물러 있으면서도 온 세상에 영향을 끼친 사람들이 있다. 그들도 사실상 뻗어 나가는 영성을 가진 사람들이다. 향기 자체로 온 세상을 변화시키는 것이다. 오늘 우리 시대에는 어느 때보다 영적 인도자들이 필요하다.

🖊 사도행전 8장 31절을 성경에서 찾아 적어 보라.

31 대답하되 지도해 주는 사람이 없으니 어찌 깨달을 수 있느냐 하고

빌립을 청하여 수레에 올라 같이 앉으라 하니라

영적 인도자가 해야 할 가장 중요한 일은, 상대방이 하나님을 만나도록 안내하는 것이다. 영적 인도자는 우리가 성장하는 데 아주 중요하다. 그럼에도 미숙하거나 잘못된 영적 인도자를 만날 경우에 영적 성장에 큰 어려움을 겪게 된다. 토마스 그린은 신앙 성장의 가장 큰 장애물을 세 가지로 말한다. 첫째는 자신이요, 둘째는 사탄이며, 셋째는 영적 인도자라고 말이다. 그리고 가장 심각하게 다룬 것이 영적 인도자다.

영적 인도자는 사람들을 자기에게로 이끄는 것이 아닌, 오직 그리스도에게만 이끌리도록 안내해야 한다. 그런데 만약 영적 인도자가 하나님과 성도 사이에 서서 하나님을 보지 못하게 한다면, 이는 가장 무서운 장애물이 되고 마는 것이다.

💬 혹시 당신은 미숙하거나 잘못된 영적 인도자를 만났던 적이 있는가. 또는 당신이 미숙하거나 잘못된 영적 인도자였던 적이 있는가? 그렇게 생각한 이유는 무엇인가?

Tip
영적 인도자에 대해 험담하는 시간이 아니다. 인도자는 훈련생들이 발표할 때 이 점을 유의하도록 지도한다.

세례 요한은 사람들에게 예수님을 보라고 외쳤다. 그리고 자기 제자들을 예수님께로 인도했다. 세례 요한의 수제자였던 요한과 안드레를 예수님께 보낸 것이다. 그에게 찾아왔던 청중에게도 예수님을 소개했다. 그리고 그는 자신을 위해서 어떤 기적도 일으키지 않았다. 사람들의 관심이 오직 예수님께로만 모아지게 했다.

리처드 포스터는 영적 인도자의 중요성을 다음과 같이 말한다.

중세시대에는 가장 훌륭한 성도들까지도 '영적 인도자'의 도움 없이는 깊은 내적 여행을 시도하지 않았다. 오늘날 가톨릭의 수도원 제도를 제외하고는 이러한 사상이 거의 전수되지 않았으며, 모두 혼자서 그 여행을 한다. 이러한 현상은 영적 인도자에 대한 개념에서 볼 때 대단히 불행한 현상이다. 영적 인도자에 대한 개념은 오늘날 현대에도 귀중하게 응용될 수 있으며, 또 이 개념은 우리 형제·자매들의 도움을 통하여 나타나는 하나님의 인도하심의 아름다운 표현이다
/《영적 성장과 훈련》(리처드 포스터)

또한 피터 로드는 영적 인도자의 중요성과 역할을 다음과 같이 말한다.

우리는 그리스도인으로서의 행보를 시작할 때는 물론이고, 그 길을 계속 가는 동안에도 우리가 궤도를 벗어나지 않도록 도움을 줄 다른 사람들이 필요하다. 그들이 우리와 동행해 주고, 우리를 섬기고 사랑해 주며, 우리의 여행을 순조롭게 해주어야 한다. 우리는 인생의 갖가지 상황에서 한 사람 또는 그 이상의 영적 인도자가 필요하게 될 것이다
/《왜 우리는 영혼을 돌보아야 하는가?》(피터 로드)

돔 베이커는 영적 인도자의 목적을 다음과 같이 정의한다.

> 간단히 말해서 영적 인도자란 하나님이 사용하시는 안내자다. 영적 인
> 도자는 영혼들을 자신의 길이 아니라 하나님의 길로 인도해야 한다
> / 돔 베이커

하나님의 길로 이끌어 주는 영적 인도자를 만난다는 것은, 영적 순
례자에게 최고의 축복일 것이다.

💬 당신 생애에서 최고의 영적 인도자는 누구였는가? 그렇게 생각하는 이
유나 경험담을 말해 보라.

헨리 나우웬은 "진정한 영적 인도자는 무엇을 하고 누구를 찾아갈
지를 말해주는 대신, 우리가 홀로 있으면서 자신의 경험 속으로 들어
가는 모험을 해보도록 이끄는 사람입니다. 그런 영적 지도자 덕분에
우리는 메마른 땅에 몇 방울의 물을 떨어뜨리는 것은 도움이 되지 않
음을 알게 됩니다. 그 대신 우리가 불평하는 점들의 심층을 깊게 파내

려 가다 보면 그곳에서 살아있는 샘을 발견하리라는 것을 알게 됩니다"라고 말한다.

더불어 그는 환대, 즉 다른 사람을 우리 삶 속에 환영하는 것을 소중하게 가르친다. 그리고 그 환대는 바로 우리를 찾아온 사람들이 그들 스스로 설 수 있는 공간을 마련해 주는 것이라고 말한다.

> 낯선 사람에게 다가가서 그들을 우리 삶 속으로 맞아들이는 것은 기독교 영성의 핵심입니다. 따뜻하게 맞이함은 먼저 낯선 사람이 들어와서 적이 아닌 친구가 될 수 있는 자유로운 공간을 만들어주는 것을 의미합니다. 또한 사람을 변화시키는 것이 아니라 변화가 일어날 수 있는 자리를 그들에게 주는 것입니다
> / 헨리 나우웬

따뜻하게 맞이함은 우리 하나님과 우리 길을 행복의 기준으로 삼는 방법이 아니라 다른 이들이 그들의 하나님과 그들의 방법을 찾도록 기회를 열어 주는 것이다.

> 나는 어떤 일이 있더라도 내 삶의 방식을 다른 사람에게 강요하지 않으련다. 이는 그 사람이 내 삶의 방식을 충분히 익히기 전에, 이미 다른 생활방식을 발견했을지도 모르기 때문이다. 하지만 그 외에도 나는 이 세상에 될 수 있는 한 많은 다양한 사람들이 있기를 바란다. 나는 각 사람이 매우 신중한 태도를 가지고 자기 아버지 혹은 어머니의 생활방식 그리고 이웃의 생활방식이 아닌 자신만의 방식을 찾고 추구하게 하련다
> / 헨리 데이빗 소로우

더불어 배우기 위해서는 마음을 비우는 것이 참으로 중요하다.

> 우리가 구원과 구속과 치유와 새로운 삶을 기대한다면, 우리에게 맨 먼저 필요한 것은 열린 자리입니다. 즉 우리에게 무언가가 일어날 수 있는, 새로운 것을 받아들이는 자리입니다. 그러므로 따뜻하게 맞이함은 매우 중요한 태도입니다
> / 헨리 나우웬

이와 관련하여 좋은 예화가 하나 있다.

> 메이지 시대(1868-1912)에 일본의 스승인 난인이 선에 대해 탐구하는 한 대학교수를 맞았다. 난인은 차를 대접했다. 그는 손님의 잔에 계속 차를 부어서 마침내 줄줄 넘쳐흐르게 되었다. 교수는 잔이 넘치는 것을 보다 못해 말했다. "넘칩니다. 꽉 차서 더 못 담는데요!" 그러자 난인은 "이 잔처럼, 당신 속에는 온통 당신의 생각과 당신이 내린 결론이 가득합니다. 당신이 먼저 잔을 비우지 않는 이상 내가 무슨 수로 당신에게 선에 대해서 알려줄 수 있겠습니까?"라고 대답했다

우리는 모두 자녀이면서 부모이고, 학생이면서 선생이며, 치유자이면서 돌봄이 필요한 사람이다. 말씀과 성령이 영적 인도자가 된다는 사실을 우리는 알고 있다. 그럼에도 하나님은 내면의 여행을 할 수 있도록 도와주는 사람들을 영적 인도자로 세워서 우리를 더욱 견고하게 하신다. 그럼으로 우리는 영적 인도자의 안내를 잘 받아야 한다.

Tip

영적 리더의 정의 그리고 자신이 되
고 싶은 영적 리더상을 나눠 보라.

당신도 서서히 영적 리더로 성장해 나갈 것이다. 당신은 어떠한 영적 리더가 되고 싶은가? 당신이 그리는 롤모델을 말해 보라.

・삶을 바꾸는 소중한 만남

피터 로드가 정의한 영적 인도자의 특성을 함께 살펴보자.

영적 인도자의 7가지 특성

① **성숙함**: 완전함을 말하는 것이 아니라 다른 사람보다 길을 조금 더 멀리 갔다는 것이다. 성숙한 그리스도인은 다양한 상황과 사건에 성공적으로 대처하는 법을 안다. 왜냐하면 그는 수많은 시행착오를 겪으며 노련한 여행자로 성장했기 때문이다. 그래서 다른 사람들과 그 경험을 나눌 준비가 되어 있다.

② **투명성**: 감정에 솔직한 사람이다. 자신의 실패와 성공, 강점과 약점 그리고 두려움과 기쁨을 잘 표현한다.

③ **모범**: 자신이 먼저 모범을 보이고 후에 가르친다.

④ **무조건적인 사랑**: 영적 인도자는 당신이 어떤 일을 하든, 무엇을 고백하든 상관없이 당신을 사랑한다.

⑤ 인내: 영적 인도자는 이것은 하고 저것은 하지 말라는 목록을 제시하는 사람이 아니다. 상대방 곁에서 그가 내주하시는 그리스도와 계속 관계를 맺을 수 있도록 도와주는 사람이다.

⑥ 유용성: 영혼을 위한 좋은 여행 인도자는 당신이 필요로 할 때, 즉 당신이 곤경에 처해 있을 때 즉시 도움을 청할 수 있는 사람이다.

⑦ 복종: 어떤 사람의 성숙함을 알려주는 표시 가운데 하나는, 다른 사람의 도움이 필요하지 않은 사람은 없음을 깨닫는 것이다. 하나님의 권위에 진정으로 순복하는 영적 인도자는 항상 개방적인 자세로 다른 사람에게 배우려고 한다.

Tip
영적 인도자는 완벽한, 초인간적인 사람이 아님을 인지해야 한다.

피터 로드가 정의한 영적 인도자의 특징을 살펴보았다. 당신이 바라는 영적 리더상과 비교했을 때, 스스로 무엇을 더 보완하고 고쳐야 할지 적어 보라.

도미니칸 수도회의 수사 헝가리의 바울(Paul of Hungary)은 영적 인도자를 다음과 같이 정의한다.

"그는 친절하게 잘못을 교정하며 신중하게 행동해야 한다. 그는 다른 사람의 흠에 대해 온유하고 따스하고 자비로워야 한다. 그는 여러 경우마다 분별력을 가지고 임해야 한다. 잘못을 회개하는 자를 기도와 자선금과 그 밖의 선행들로 도와야 한다. 그는 그 사람의 두려움을 진정시키고 그를 위로하며, 그를 소망으로 받쳐 주고 필요한 경우 꾸짖음으로써 그를 도와야 한다. 그는 말에서 긍휼을 보여야 하고 행동으로 가르쳐야 한다. 기쁨을 함께 나누어야 하며 슬픔에도 동참해야 한다. 그는 인내를 애써 가르쳐야 한다."

영적 인도자의 역할(형가리의 바울)

①그리스도 의식을 계발시킨다: 양육 받는 사람이 계속해서 그리스도를 향해 갈 수 있도록 도와준다. 그리스도께서 하신 일이 지금도 계속되고 있으며, 앞으로도 계속될 것임을 상기시키는 일이다.

②인생의 사건과 체험들을 해석한다: 성숙하지 못한 증거 중 하나는 현재 어떤 일이 진행되고 있으며 왜 그런 일이 일어나고 있는지 해석하지 못하는 것이다.

③고백을 듣고 하나님의 용서를 전해 준다.

④위험을 인식한다: 나쁜 친구를 사귀는 것, 배우자를 무시하는 것, 자녀를 잘못 양육하거나 잘못 훈련시키는 것, 분수에 맞지 않게 사치하는 것, 이성 간에 양육하는 것 등

⑤격려한다.

⑥가르치고 변화를 촉진시킨다: 성경 읽는 법, 효과적으로 기도하는 법, 남을 용서하는 법, 다른 사람과 최선의 관계를 맺는 법 등

⑦우정을 나누어 준다: 중요한 것은 친구 관계다. 교회 내 소그룹에서 이미 당신과 친밀한 관계를 맺고 있는 사람의 영적 인도자가 되어 주는 것이 바람직하다. 영혼의 친구는 형제보다 더 영원하다.

지금까지 배운 것을 토대로 주변에 당신에게 가장 적합한 영적 인도자는 누구라고 생각하는가? 당신의 영적 인도자가 되어 달라고 요청해 보라.

인간은 스스로 자신을 다 이해할 수 없는 존재다. 만약 자신을 다 이해할 수 있다면, 그는 전능한 하나님이다. 우리 자신을 발견하는 가장 좋은 길은 관계를 통해서다. "내가 그의 이름을 불러 주었을 때 그는 나에게로 와서 꽃이 되었다"는 김춘수 시인의 시처럼, 인간은 누군가에 의해서 발견되어야 정말 인물이 될 수 있다. 그렇지 않다면 에리히 프롬의 말처럼 태어나지도 못한 채 인생을 끝맺을 수도 있다. 우리는 한 번 태어나는 경험을 해야 한다. 우리의 감성을 조금 움직이기 위해서 김춘수 시인의 〈꽃〉을 한 번 읽어보자.

〈꽃〉

김춘수

내가 그의 이름을 불러주기 전에는

그는 다만

하나의 몸짓에 지나지 않았다

내가 그의 이름을 불러 주었을 때

그는 나에게로 와서

꽃이 되었다

내가 그의 이름을 불러 준 것처럼

나의 이 빛깔과 향기에 알맞은

누가 나의 이름을 불러다오

그에게로 가서 나도

그의 꽃이 되고 싶다

우리들은 모두

무엇이 되고 싶다

너는 너에게 나는 너에게

잊혀지지 않는 하나의 눈짓이 되고 싶다

만남을 통해서 다만 하나의 몸짓에 불과했던 사람이 꽃이 되었다. 아무나 만나서 되는 것이 아니라 상대방의 가능성을 보고 믿어 주는 사람이어야 한다. 누군가가 말해주기 전까지 우리는 자신이 생각한 대로 행동한다. 그러나 누군가가 우리를 변화될 수 있는 존재로, 이미 변화된 것처럼 불러줄 때 우리 생애는 놀랍게 달라지기 시작한다.

여호수아는 모세를 만남으로, 디모데는 바울을 만남으로, 바울은 바나바를 만남으로 인생의 전환점을 맞이했다. 예수님의 제자들은 예수님을 만남으로 그들 자신을 발견했다. 그날이 생애의 전환점이 되었다. 그런 면에서 만남처럼 중요한 것은 없다. 나 또한 하나님의 사람들을 만나 삶에 전환이 이루어졌고, 변화가 일어났다. 그래서 우리는 만남을 소중하게 여겨야 한다.

Tip
어떤 사람은 영적인 지도자가 한 명, 어떤 사람은 여러 명이 있을 수 있다. 누구를 만나 어떤 부분이 변화되었는지 나눠 보라.

💬 당신의 인생을 변화시킨 영적 인도자 또는 리더가 있는가?

실제로 사람은 누구도 자기 혼자서는 자기 자신을 이해하지 못합니다. 다른 사람과 만남으로써 자신이 누구인지를 알게 됩니다
/《삶에는 뜻이 있다》(폴 투르니에)

스위스의 의사이며 작가인 폴 투르니에는 만남을 통해서 변화된 대표적인 예다. 그는 어린 시절에 부모를 잃고 자폐증을 앓은 채 폐쇄되어 살고 있었다. 그러던 그에게 어느 선생님이 찾아왔고, 이 선생님과의 만남은 그의 생애의 전환점이 되었다. 그는 처음으로 진지하게 자신의 이야기를 들어주는 사람을 만난 것이다. 그는 거기서 자신을 발견하게 되었고, 그 한 번의 만남 덕분에 그는 수없이 많은 사람을 도울 수 있는 인격 의학을 창시하게 되었다.

인생에는 가끔 신비한 만남이 찾아와서 우리를 인정해 주고 우리가 어떤 사람이 될 수 있는가를 일깨워 준다. 그리하여 우리가 가진 큰 가능성이 비로소 빛을 발하기 시작한다

/ 루스티 베르쿠스

우리에게 찾아온 신비한 만남을 기억하라. 그리고 다른 사람에게 신비한 만남이 될 수 있는 인물이 되라. 나의 생애에서 가장 중요한 가치 중 하나는 만나는 사람들에게 희망을 주고, 가능성을 발견하게 하며, 삶을 더 차원 높게 살 수 있도록 도전하는 것이다. 당신이 만나야 할 사람은 당신 안에 있는 가능성을 높이 평가해 주는 사람이다. 당신을 우습게 아는 사람들을 멀리하라.

당신의 꿈을 하찮은 것으로 만들려는 사람들을 가까이 하지 말라. 소인배들은 언제나 그렇게 한다. 그러나 진정으로 위대한 사람들은 당신 역시 위대해질 수 있다고 느끼게 한다
/ 마크 트웨인

때로 우리는 실패와 좌절을 경험할 때가 있다. 모든 가능성이 희미해지고 포기하고 싶은 때가 있다. 그때도 곁에서 우리의 가능성을 믿어 주고, 우리 마음에 불을 붙여주는 사람들이 있다. 그들에게 감사해야 한다.

우리 마음의 불이 꺼질 때가 있다. 그런데 다른 사람의 도움으로 다시 불이 붙을 때가 있다. 이 불을 붙여준 사람에게 우리는 깊은 감사를 보내야 한다
/ 알버트 슈바이처

슈바이처의 말처럼 이제 우리도 다른 사람의 식은 가슴에 불을 붙

여줄 수 있어야 한다.

Tip

중요하고 의미 있는 시간이다. 이 시간이 감동이 넘치고 은혜가 될 수 있도록, 훈련의 클라이맥스가 될 수 있도록 분위기를 만들라.

인생 최고의 신비한 만남은 예수 그리스도를 만난 후부터일 것이다. 당신의 간증을 예수 그리스도를 만나기 이전과 이후로 나누어 적어 보라. 그리고 당신의 비전까지 함께 나눠 보라.

· 탁월한 영성을 유지하는 비결

뻗어 나가는 영성의 최고봉,

기도

하나님은 기도를 통해서 모든 것을 이루신다. 예수님은 늘 기도하셨다. 겸손의 표는 기도다. 하나님의 도우심이 필요하다는 사실을 깨달은 사람들은 기도한다. 게을러서 기도하지 못하는 게 아니라 교만해서 기도하지 않는다. 하나님의 도우심이 절실히 필요한 사람들은 기도하게 되어 있다.

기도는 하나님이 주시는 축복의 통로요, 축복의 법칙이다. 예수님도 기도하셨고, 성령님도 기도하셨다. 하나님은 기도로 세계를 움직이신다. 하나님께 크게 쓰임 받은 사람들의 공통점은 기도에 탁월했다는 데 있다. 기도하는 한 사람은 일천 사람보다 낫다. 영국의 여왕은 일만 군대보다 존 녹스의 기도를 더 두려워했다.

💡 인도자 멘트

영성의 마지막은 기도입니다. 이는 하나님을 향한 발돋움이기 때문입니다. 공동체와 동료, 이웃들을 향해 중보기도를 시작하십시오.

💬 당신은 매일 얼마나 기도하는가? 만약 기도하지 않는다면 그 이유는 무엇인가?

기도하는 다니엘이 바벨론에 있을 때 그 장소는 축복의 통로가 되었다. 다니엘은 중보기도의 사람으로 하루에 세 번씩 하나님께 기도했다. 그는 예레미야에게 주셨던 예언의 말씀을 읽다가 70년 만에 포로에서 귀환된다는 약속을 발견했다. 그는 이 약속을 붙잡고 기도하다가 응답을 받았다. 가장 능력 있는 기도는 하나님의 약속을 붙잡고 간절히 기도하는 것이다.

말씀을 묵상하는 가운데 들은 하나님의 약속을 기도로 올려드려야 한다. 잘못된 것은 회개하고, 하나님의 약속은 간구로 올려드려야 한다. 중보기도는 하나님의 사람이라는 표지다. 중보기도의 영역만큼 그 사람의 인물됨과 크기와 사역의 범위가 결정된다. 자기 자신, 자기 가족을 넘어서 지역사회와 세계를 위해 '기도하는 월드 크리스천'이 되어야 한다. 기도하는 손은 세계 어디든지 갈 수 있다.

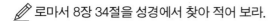 이사야 53장 12절을 성경에서 찾아 적어 보라.

12 그러므로 내가 그에게 존귀한 자와 함께 몫을 받게 하며 강한 자와 함께 탈취한 것을 나누게 하리니 이는 그가 자기 영혼을 버려 사망에 이르게 하며 범죄자 중 하나로 헤아림을 받았음이니라 그러나 그가 많은 사람의 죄를 담당하며 범죄자를 위하여 기도하였느니라

기억하라! 우리가 일하면 그 일은 우리가 하는 것이지만, 우리가 기도하면 그 일은 하나님이 하신다.

위대한 일을 위해 기도하고, 위대한 일을 기대하며, 위대한 일을 위해 일하십시오. 그러나 무엇보다도 기도하십시오
/ R. A. 토레이

✐ 로마서 8장 34절을 성경에서 찾아 적어 보라.

34 누가 정죄하리요 죽으실 뿐 아니라 다시 살아나신 이는 그리스도 예수시니 그는 하나님 우편에 계신 자요 우리를 위하여 간구하시는 자시니라

히브리서에서는 예수님의 천상 사역을 소개한다. 히브리서는 예수님이 지극히 크신 이의 우편에 앉으셨음을 강조하고 있다.

✎ 히브리서 1장 3절을 성경에서 찾아 적어 보라.

3 이는 하나님의 영광의 광채시요 그 본체의 형상이시라 그의 능력의 말씀으로 만물을 붙드시며 죄를 정결하게 하는 일을 하시고 높은 곳에 계신 지극히 크신 이의 우편에 앉으셨느니라

✎ 히브리서 8장 1절을 성경에서 찾아 적어 보라.

1 지금 우리가 하는 말의 요점은 이러한 대제사장이 우리에게 있다는 것이라 그는 하늘에서 지극히 크신 이의 보좌 우편에 앉으셨으니

✎ 히브리서 10장 11-12절을 성경에서 찾아 적어 보라.

11 제사장마다 매일 서서 섬기며 자주 같은 제사를 드리되 이 제사는 언제나 죄를 없게 하지 못하거니와
12 오직 그리스도는 죄를 위하여 한 영원한 제사를 드리시고 하나님 우편에 앉으사

✏️ 히브리서 7장 24-25절을 성경에서 찾아 적어 보라.

24 예수는 영원히 계시므로 그 제사장 직분도 갈리지 아니하느니라
25 그러므로 자기를 힘입어 하나님께 나아가는 자들을 온전히 구원
하실 수 있으니 이는 그가 항상 살아 계셔서 그들을 위하여 간구하심
이라

기도할 때 다음 세 가지를 구하라.

첫째, 기도로 열방을 구하라.

8내게 구하라 내가 이방 나라를 네 유업으로 주리니 네 소유가 땅 끝
까지 이르리로다 9네가 철장으로 그들을 깨뜨림이여 질그릇같이 부수
리라 하시도다 시 2:8-9

둘째, 기도로 그리스도의 제자들을 양육하라.

31시몬아, 시몬아, 보라 사탄이 너희를 밀 까부르듯 하려고 요구하였으
나 32그러나 내가 너를 위하여 네 믿음이 떨어지지 않기를 기도하였노
니 너는 돌이킨 후에 네 형제를 굳게 하라 눅 22:31-32

셋째, 기도로 영적 전쟁에서 승리하라.

이르시되 기도 외에 다른 것으로는 이런 종류가 나갈 수 없느니라 하시니라 막 9:29

[11]마귀의 간계를 능히 대적하기 위하여 하나님의 전신 갑주를 입으라 [12]우리의 씨름은 혈과 육을 상대하는 것이 아니요 통치자들과 권세들과 이 어둠의 세상 주관자들과 하늘에 있는 악의 영들을 상대함이라 엡 6:11-12

모든 기도와 간구를 하되 항상 성령 안에서 기도하고 이를 위하여 깨어 구하기를 항상 힘쓰며 여러 성도를 위하여 구하라 엡 6:18

기도하는 현장이 전쟁터다. 아말렉과의 전투에서 모세의 기도가 여호수아의 칼보다 중요했다. 기도하는 선교사의 역할을 감당하라. 기도하는 손만큼 긴 손이 없다. 기도하는 손은 능력의 손이다. 왜냐하면 기도하는 손을 하나님의 전능하신 손이 붙잡아 주시기 때문이다.

Tip
기도 노트를 만들어 하나님의 일하심을 직접 체험하게 한다.

기도의 중요성에 대해 당신의 생각을 정리해 보라. 그리고 앞으로 어떻게 기도생활을 할지 구체적으로 계획하고 실천해 보라.

매일 자신을 가꿔라. 하나님은 우리 안에서 선한 일을 시작하셨다.

🖊 빌립보서 1장 6절을 성경에서 찾아 적어 보라.

6 너희 안에서 착한 일을 시작하신 이가 그리스도 예수의 날까지 이루실 줄을 우리는 확신하노라

또 무리에게 이르시되 아무든지 나를 따라오려거든 자기를 부인하고 날마다 제 십자가를 지고 나를 따를 것이니라 눅 9:23

생명은 지속성에 있다. 영성은 계속해서 내면세계를 돌아볼 때 깊어진다. 무엇보다도 하나님의 은혜를 구하라. 성령님의 도우심을 구하라. 영적 생활은 처음부터 마지막까지 성령님의 도우심으로 가능하다. 마지막으로 탁월한 영성을 유지하는 영적 원리에 대해 배우고, 이 훈련을 마무리하고자 한다.

탁월한 영성을 유지하는
영적 원리

영성을 쌓는 것은 쉬운 일이 아니다. 성숙한 영성은 하나님의 은혜 아래서 성령님의 도우심을 따라 바울처럼 자신을 쳐서 복종시키는 끊임없는 훈련을 통해서 이루어진다. 죄를 미워하고, 거룩을 열망하는 삶을 추구하며, 인격적 성숙과 함께 사역에도 균형을 이루어야 한다. 성숙이 목표가 아니라 예수님의 증인으로 사는 것이 최종 목표다.

인격의 성숙은 사역을 위한 도구가 되어야 한다. 영성 훈련에만 집중하거나, 영혼 관리를 하는 데만 시간을 다 보낸다면 그 목표를 상실하고 만 것이다.

영혼 관리는 하나님의 사역을 위한 준비이다. 인격을 과시하거나 영성을 자랑하는 것은 영성이 추구하는 바를 알지 못할 때 일어나는 미숙함의 소치다.

탁월한 영성을 추구하는 사람은, 그 탁월함을 계속해서 유지하는 영적 원리를 배워야 한다. 영성을 쌓는 것은 어려운 작업이다. 그런데 그렇게 힘들게 쌓은 영성이 쉽게 무너질 수 있다는 사실을 명심해야 한다. 바울은 "그런즉 선 줄로 생각하는 자는 넘어질까 조심하라"(고전 10:12)고 권면한다. 사탄의 유혹은 일평생 계속된다. 다만 유혹의 내용이 다를 뿐이다. 예수님을 시험했던 "마귀가 모든 시험을 다 한 후에 얼마 동안 떠나니라"(눅 4:13)고 기록한 말씀을 늘 기억해야 한다. 그렇다면, 탁월한 영성을 유지할 수 있는 영적 비결은 무엇인가?

첫째, 바른 길로 걸어가야 한다.

하나님은 여호수아에게 "우로나 좌로나 치우치지 말라 그리하면 어디로 가든지 형통하리니"(수 1:7b)라고 말씀하셨다. 치우침이 없는 걸음으로 가야 한다. 성경은 "내 아들아 너는 듣고 지혜를 얻어 네 마음을 바른 길로 인도할지니라"(잠 23:19)고 말씀한다. 바른 길로 간다는 것은 좁은 문으로 가는 것이다. 예수님은 "좁은 문으로 들어가라 멸망으로 인도하는 문은 크고 그 길이 넓어 그리로 들어가는 자가 많고 생명으로 인도하는 문은 좁고 길이 협착하여 찾는 자가 적음이라"(마 7:13-14)고 말씀하셨다. 하나님의 사람들은 쉬운 길보다는 어려운 길을 가야 한다. 넓은 길보다는 좁은 길을 가야 한다. 그것이 십자가의 길이다.

둘째, 예수님 안에 항상 거해야 한다.

우리의 목표는 그리스도다. 예수님을 떠나서는 아무것도 할 수 없다. 바울의 말처럼, 본 것을 의지하거나 금욕주의에 빠져서는 안 된다. 영성 훈련이라는 이름 아래 율법으로 돌아가서는 안 된다. 자의적 숭배나 겸손과 몸을 괴롭게 하는 것을 목표로 삼아서는 안 된다(골 2:19, 21-23). 우리는 머리 되신 예수님을 항상 붙들어야 한다. 예수님 안에 거하고(요 15:5), 예수님을 깊이 생각하며(히 3:1), 예수님을 항상 바라보아야 한다(히 12:2).

셋째, 성령 충만한 삶을 살아야 한다(엡 5:18).

성령님의 도우심 없이는 예수님을 닮아가는 목표를 이루기가 불가능하다. 예수님의 형상을 닮아 가는 것은 주의 영으로 말미암는 것이다(고후 3:18). 성령님은 자유하게 하시는 영이다. 성령님과 함께 영성 훈련을 할 때 자유함이, 춤이, 그리고 기쁨이 넘치게 된다. 성령님을 따라 행할 때 육신의 욕심을 이루지 않는다(갈 5:16). 성령 충만한 삶은 곧 말씀 충만한 삶이다(골 3:16). 예수님의 말씀은 곧 영이요, 생명이다 (요 6:63).

넷째, 날마다 자기를 부인하고 주님을 따라가야 한다.

예수님은 제자가 되기를 원하는 사람에게 "아무든지 나를 따라오려거든 자기를 부인하고 날마다 제 십자가를 지고 나를 따를 것이니라"(눅 9:23)고 말씀하셨다. 중요한 단어가 "날마다"라는 말이다. 예수님의 길을 따라가는 것은 날마다 자기를 부인해야 하는 일이다. 바울은 "나는 날마다 죽노라"(고전 15:31b)고 말했다. 바울의 탁월한 영성의 비결은 날마다 죽는 데 있었다. 정원을 하루만 가꾸지 않아도 쉽게 잡초가 생긴다는 것을 우리는 잘 안다. 우리 마음도 마찬가지다. 그래서 날마다 영성 훈련을 게을리하지 말아야 한다.

다섯째, 사탄과의 영적 전쟁을 위해 항상 깨어 있어야 한다.

방심은 금물이다. 베드로는 "근신하라 깨어라 너희 대적 마귀가 우는 사자같이 두루 다니며 삼킬 자를 찾나니"(벧전 5:8)라고 권면한다. 베드로는 예수님을 세 번 부인하면서 사탄의 유혹이 얼마나 무서운 것인가를 경험했다. 때문에 항상 깨어있을 것을 부탁한다. 바울도 매일 하나님의 전신갑주로 무장할 것을 권면한다(엡 6:10-17). 무시로 성령 안에서 깨어 기도하는 것이 승리의 비결이다.

여섯째, 사랑의 동기로 하나님과 사람을 섬기라.

예수님은 우리가 지켜야 할 계명을 한마디로 하나님 사랑과 이웃 사랑으로 요약하셨다(마 22:37-40). 제자의 표는 사랑이다(요 13:34-35). 바울은 사랑이 없으면 아무것도 아니라고 했다(고전 13:1-3). 지식도, 지혜도, 깨달음도 그리고 깊은 영성도 사랑이 없으면 아무것도 아니다. 아무 유익이 없다. 우리는 사랑할 때 인내하게 되고, 사랑할 때 모든 것을 견딜 수 있게 된다.

마지막으로, 영성 관리와 사역에 균형을 이뤄야 한다.

죄를 비우고, 말씀으로 채워야 한다. 말씀을 채운 다음에는 나누어 줌으로 비워야 한다. 말씀을 비우고 나누는 순간에 말씀은 더 풍성해진다. 영성에서 제일 중요한 것은 균형임을 거듭 강조하고 싶다. 사역은 예수님을 닮아가는 인격에서 나온다. 인격 자체가 목표가 아니다. 인격을 통해서 사역이 흘러나오도록 해야 하는 것이다. 사역을 목표하지 않은 인격은 액세서리가 될 수 있다.

초대 교회가 이룩했던 세계복음화의 사역은 사도들의 인격으로 이뤄진 것이 아니다. 비록 그들이 예수님을 통해 변화되었지만, 여전히 미숙한 모습을 가지고 살았다. 세계복음화의 역사는 성령님의 능력과 영적 대결을 통해서 이뤄졌다. 인격은 성령님의 능력을 담는 그릇이 되고 사역의 기초가 되지만, 인간의 인격에는 한계가 있다. 때문에 항상 성령님을 의지하고, 예수님의 보혈과 예수님의 의를 힘입어야 한다. 예수 이름의 권세를 가지고 사역에 임해야 한다.

예수님을 닮아가는 삶이란 한평생 하나님의 은혜 아래서 추구해야 할 목표다. 바울의 목표는 오직 예수 그리스도였다. 예수님을 닮아가는 삶을 살았던 바울이지만 "푯대를 향하여 그리스도 예수 안에서 하나님이 위에서 부르신 부름의 상을 위하여 달려가노라"(빌 3:14)고 고백했다. 바울은 사명을 위해 살았다. 예수님께 받은 사명, 은혜의 복음을 증거하는 일을 마치려 함에는 생명을 조금도 귀한 것으로 여기지 않았다(행 20:24). 영성의 길은 속도가 중요하지 않다. 치우침이 없는 걸음으로 정도를 가는 것이 중요하다. 그리고 바울처럼 마지막까지 잘 달려가는 것이 중요하다(딤후 4:7).

6주차를 마치며

Tip
훈련이 중요한 것이 아니다. 훈련을 통해 그리스도를 따라 살아가는 것이 더 중요하다. 훈련은 끝난 것이 아니라 이제 시작이다. 삶의 터전에서 영적 전쟁터에 나가는 출정식인 것이다. 다짐과 계획 그리고 비전을 공유함으로 이 시간 함께했던 동지들이 끝까지 영적 동지들이 되도록 하자.

💬 이 훈련을 마치면서 다짐을 적어 보라. 그리고 탁월한 영성을 어떻게 유지해 나갈지 함께 나눠 보라.